「食レポ・食の審査員」の教科書

日本フードアナリスト協会
理事長 **横井裕之**

フードアナリスト
3級
認定教科書

徳間書店

introduction

はじめに

誰もが情報発信できるだからこそ、リテラシーが重要に

　2005年にスタートしたフードアナリストの資格は、消費者目線を持った食のプロとして誕生しました。

　フードアナリストは、IT時代の食の資格です。1995年から始まったIT革命の最大の特徴は、一般消費者が情報発信できる点にありました。当時は簡易ホームページと呼ばれていたブログから、本人明記型SNSであるFacebook、Instagram、Twitter、YouTubeと一般消費者が情報発信できるメディアは大きく発達しました。

　最近では事故や事件の現場から、一般消費者と思われる投稿者が動画をアップして、よりリアルな映像を届けてくれるのと同時に、迷惑系、炎上系、暴露系と呼ばれ

るYouTuberやInstagramerまで出現しています。再生回数を稼ぐために反社会的、犯罪的、モラルに反する動画や文言をアップする人もいます。

　中には1人で2000アカウントを持って2000人に成りすまして、自分の意見をあたかも世間一般の声のように装うネットユーザーもいます。

　ネットは、多くの有益な情報を自由化しましたが、同時にフェイク情報も自由化しました。情報の絶対数は圧倒的に増えましたが、フェイク情報や偽旗情報、巧妙に仕組まれた特定個人の意見が幅を利かせているのが現状です。

　フェイク情報や情報操作は、誰にでも参加できるというネットメディアの宿命でもありますが、利用する私たちのメディア・リテラシーがますます重要となります。

消費者目線を持ったプロとして学び続ける

　情報を受信・発信する時は、客観的、普遍的、合理的な視点が必要です。

　客観的の同義語は「俯瞰的」です。俯瞰とは、「高所から下方を見渡すこと」、あるいは、「広い視野を持って物事を巨視的に捉えること」を意味します。客観的とは、「広い視野に立って物事を捉えること」「一方的ではなく、多面的である」ということ。できるだけ多様な価値観を認め、多面的に物事を見つめ捉える。

　これがフードアナリスト学の原点でもあります。

　ワインだけ、野菜だけ、ウイスキーだけ、紅茶だけ、珈琲だけ、日本酒だけを勉強する資格もありますが、フードアナリストは食に関係するすべての分野を総合的に学ぶプログラムです。

　私たちは、ワインが美味しいのはワインだけの美味しさではなく、一緒に食べる肉や野菜、魚、ソースや調理法を味わいます。皿や容器、カップやカトラリーを楽しみ、テーブルクロスやリネン類に癒され、室内調度品に気持ちが落ち着きます。窓から見える景色に心踊らされます。

メートル・ド・テル（給仕長）の過不足ないサービスや、一緒に食事をする気が置けない仲間との会話も、レストランの美味しさの大きな源泉になります。

フードアナリストは設立以来、消費者目線を持ったプロとして、インターネットを中心に、食の情報収集と発信を担ってきました。消費者目線とは、多面的な利用者の目線です。「フードアナリストというコップの中に食の情報を注ぎ続け、溢れ出た部分を発信する」。

これがフードアナリストの基本です。フードアナリストは常に食の情報を受信し続け、調べ続け、読み解き続けるのが仕事です。そして溢れ出た食の情報を発信する。

ですから、フードアナリストは常に学び続ける仕事なのです。

▌付加価値を創造し、 ▌付加価値を評価する人へ

フードアナリストに対して、「食レポ」「食の審査員」への依頼が最近、増えてきています。

2013年に始まった「ジャパン・フード・セレクション」というフードアナリストによる食品・飲料の審査・認証制度の出品数が最近急速に増え始めていることにも関係しています。

特に大手ビールメーカーが受賞商品をテレビCMで繰り返し放送したり、雑誌や新聞でも数多く取り上げられるようになってきました。何よりジャパン・フード・セレクションのロゴマークを印刷した受賞商品のパッケージが何万個単位で、スーパーマーケットや量販店に並んだことも大きく影響しました。資格の認知度は最低20年、審査・認証制度は10年といいますが、ジャパン・フード・セレクションも設立10年、やっと認知度が上がってきました。

フードアナリストの持っている「消費者目線」「評価の多面性」「食に対する俯瞰性」は食の審査員や食レポに最も適した能力です。

日本は30年以上、デフレ・不景気に悩んできました。特に食の業界は値下げ合戦が唯一の経営戦略の企業も多く、1000円といえば700円、700円といえば500円といった値段叩き売りの時代が続いてきました。

値段を下げて商品を提供することは消費者に商品を求めやすくすることであり、意味はあ

ります。値段を下げるために、人件費や原材料や内外装、家賃や光熱費に至るまで努力して切り詰める企業努力は尊敬に値します。

ただ、日本の企業全般がバブル経済崩壊の1990年代以降、萎縮してしまっている感は拭えません。アメリカのシリコンバレーの代理店になってしまっているようです。代理店なので利益率は小さく、本店に振り回され続けなければいけません。

付加価値とは評価です。ヒトやモノを蔑み、見下し、嘲り、貶めるのは簡単です。

付加価値を創造し、付加価値を評価する人がいるからこそ、文化となります。

評価してあげる人をきちんと育成することが日本の食産業、食文化にとって最も大切だと私は考えます。

中立・公正・厳正
誠実に大真面目に丁寧に

コンテストや審査会で評価・審査することは難しい仕事です。喜ぶ人もいれば傷つく人もいます。出品者、参加者の人生を左右する仕事です。

時間をかけてしっかりと調べ、関連知識まで頭に入れて、きちんと評価をします。食レポの場合は溢れ出た情報を書き留めます。私たちフードアナリストは、業界のしがらみも身内同士の馴れ合いも無縁です。消費者でありながらプロの知識と知見を持ちます。中立・公正・厳正。誠実に大真面目に丁寧に。そして出品者へのリスペクトを忘れてはいけません。

審査員や食レポをする時は、ファンクラブではなく応援団の気持ちを持つことです。本書で何度も触れていますが、ファンクラブは何でも受け入れる愛好家、応援団は家族、親友、同志です。

一般消費者よりもほんの少しだけ厳しい眼で、そしてあくまでも付加価値を認める温かい眼で、「食の審査員」「食レポ」に望んでいただければと思います。

一般社団法人日本フードアナリスト協会　理事長　**横井裕之**

contents
目次

Chapter 1

第 1 章

美味しさを表現する
フードアナリストのお仕事

コップから水が溢れるように食の情報を発信する

フードアナリストは「食の情報の専門家」です。食の情報の専門家といっても、ピンと来ない人も多いでしょう。「そもそも食の情報って何?」「食の情報が持つニュース性とは?」というところからお話をスタートします。

9つの食情報と8つのニュース性

　一般社団法人日本フードアナリスト協会は、食の情報を9つにまとめています。

　①**安全情報**、②**栄養情報**、③**新商品情報**、④**うまいもの情報**、⑤**鮮度情報**、⑥**調理情報**、⑦**味覚情報**、⑧**旬情報**、⑨**食材情報**の9つです。

　この9つの食情報を、8つのニュース性と組み合わせたものが「食のニュース」です。

　ニュース性の要素とは、①**人間性**、②**新奇性**、③**国際性**、④**地域性**、⑤**記録性**、⑥**普遍性**、⑦**影響性**、⑧**社会性**の8つを指します。

　実際は、複数の食の情報と食のニュースが組み合わさった複合型の「食のニュース」も多く存在します。「食のニュース」は、9つある食の情報と、8つあるニュース性の要素を掛け

●**9つの食情報とは**

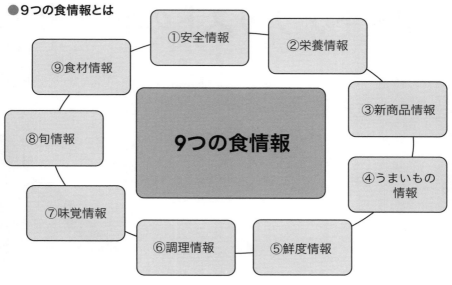

※9つの食情報については『食情報インフルエンサーの教科書』(徳間書店) 参照

●8つのニュース性とは

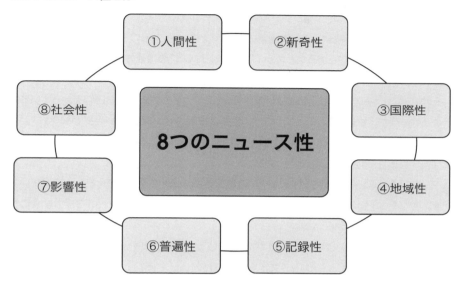

※8つのニュース性については『食情報インフルエンサーの教科書』（徳間書店）参照

合わせて構成されていると、私たちフードアナリストは考えています（9つの食の情報および8つのニュース性については、『食情報インフルエンサーの教科書』〈徳間書店刊〉に詳しく書いていますのでご参照ください）。

　食について書いた文章は、9つある食の情報のいずれかについて書かれたものであると考えることができます。しかし、単に9つある食の情報だけを書いても、読者に読みたいと思わせる文章にはなりません。9つある食の情報に、8つのニュース要素が、その文章の「言いたいこと」になってこそ読者に読んでいただける文章になります。単なる感想や感触を羅列しても、読者にすぐ飽きられてしまう内容のない文章にしかなりません。

「書きたいこと」はあなたから自然と溢れ出たもの

　フードアナリストは「食の情報」の専門家ですので、「食のニュース」の専門家でもあります。**つまり食のニュースを作成する人です。**

食のニュースは**プレスリリース**として発表・発信されます。そのためフードアナリストの大きな仕事の1つに、「食のプレスリリースを書く」ことがあります。

　「食のプレスリリース」は食の情報発信の基本ですので、フードアナリストは、まずは「食のプレスリリース」が書く練習をします（「プレスリリース」の書き方については第5章で詳しく解説します）。

　必要なのは、その発信する情報が「プレスリリース」として成立する内容を持っているかどうかということです。そのためには、常に**"食の情報のインプット"**が必要となります。その食のニュースは、9つの食の情報のどれに当たるか、8つのニュース性に照合しながら、常に検証・考察を続けることが必要となります。

　フードアナリスト4級の学習内容は、食の情報をキャッチするアンテナとなる知識が中心です。すなわち、**食の情報の受信能力**を高める内容です。フードアナリスト3級では**食の情報の発信能力**が必要となります。

　フードアナリストは、「食のニュースのプロフェッショナル」ですから、具体的な仕事としてはプレスリリース、ニュースリリースが書けなければいけません。

　もちろん「食のニュースの専門家」として、新聞やテレビ、雑誌、WEB、そして実際に食べ歩き調査をすることで、古今東西のあらゆる食の情報、食のニュースにアンテナを張っておく必要があります。そしてそれらは内容のある情報発信をするためのもの。

「最近、流行っている食品やメニューは何か」

「最近、潮流となっている料理法は？」

「ユニークな新商品はあるか」

「行列ができているお店は、どんな業種の店で、どんな特徴があるか」

「サービスや提供法で話題になっている店は？」

　こうしたことに対して、常に"食の情報のアンテナ"を張っておく必要があります。フードアナリストの中には、有名百貨店のデパ地下を毎週1度は必ず視察に行く人、銀座や原宿などの賑わっている街の飲食店や飲食料品店を視察する人など、フードアナリストの活動の基本は調査・視察です。プラス食関係の書籍や雑誌をチェックすることも大切です。

　食レポや料理・食品紹介の文章も、プレスリリースを書くことも、ベースには日々の情報受信、情報収集活動が基本となります。

　フードアナリスト＝コップ／情報＝水と考えてください。

　フードアナリストは情報発信する人ですから、常に情報を受信して集めていなければいけません。

　情報を受信し収集することで、あなたというコップに情報の水が満たされます。やがて一杯になり、情報が溢れ出します。この溢れ出した部分が、情報発信だと考えてください。

「何を書いたらいいのか」

「書くことがない」

　と話す人がいますが、間違いなく情報受信と情報収集が不足しているからです。情報を受信して集めていれば、常にあなたというコップの中の情報は満たされ、溢れ出てくる食情報（ニュース）があるはずです。この溢れ出てくる部分があなたの情報発信となります。ですから、あな

フードアナリストというコップから情報という水が溢れる＝情報発信する

たというコップの中に食情報という水を注ぎ続ける必要があります。

　フードアナリスト学は、あなたの中を満たす食情報のアンテナを体系的に作る仕組みです。

　そして「教育とは一生学び続けるための仕組みである」とフードアナリスト協会では考えています。

　フードアナリストは合格してからがスタートです。一生学び続けるのが、フードアナリストの学習です。フードアナリストとは、一生、食を学び続けることができる幸せです。

用語解説　プレスリリース (Press Release)

　新商品の発売や新サービス、新規事業の開始、経営・人事などの企業情報などを、ニュース素材としてメディアが利用しやすいように、文書や資料としてまとめたもの。プレスリリースの目的は、メディアに一次情報を提供し、報道・記事化され、読者や視聴者に幅広く認知されること。プレスリリースは、接点のあるメディアへ送付するほか、記者クラブへの配布、近年はプレスリリース配信代行サービスを利用して配布するケースも増えている。

フードアナリストは新しく幅広い職業

フードアナリストは新しい職業です。「食」に関する情報を扱うため、その範囲はレストランなどの飲食関係者やフードライターのみならず、広報・PR関連、生産者、商品開発、コンサルタント、講師など多岐にわたります。

食の情報を評価分析して発信するフードアナリスト

フードアナリストが扱う「食の情報」は、昔は一部の製造元や生産者が独占する門外不出で、点として存在していました。1995年にIT革命が起こって以来、点在していた「食の情報」が線となり面となり、さらには立体となり始めています。

数多くの人が情報に繋がり、発信する時代が到来しました。

「モノがない時代からモノに溢れる時代へ」

これはアメリカの未来学者であるアルビン・トフラーが『第3の波』（1980年）に書いた一節ですが、消費活動が成熟してくると、プロシューマー（プロデュースができる消費者）が消費を左右するようになる時代が到来することを指します。

こうしたことからも、自ら実際に商品や飲食店を利用し、テレビや雑誌や新聞に目を通し、そして何よりネット上での情報にも知悉しているフードアナリストの存在感はますます大きくなってくるでしょう。

商品提案や商品開発にも関わり、食をプロデュースする。さらにはインフルエンサーとして、食情報の発信もする。そして何より、「消費者サイドの視点」を持っているプロフェッショナルであることが、フードアナリストの最大の特徴です。

最近では、食のプロシューマー＝フードアナリストといわれるまでになりました。

インフルエンサー、ブロガー、SNSなどでの情報発信、フードライター、フードジャーナリスト、フードエッセイストや小説家もいます。

企業においてはプレスリリースを書いて食の情報を発信したり、反対に取材を受ける広報担当者、食の情報に詳しいので商品開発やマーケティングの部署などでも、フードアナリスト資格者は重宝がられています。また、食のコンテストや審査会の審査員として活躍されているフードアナリストも増えています。

食の情報を評価分析して発信するフードアナリストは、ネット時代だからこそ生まれた新しい資格であり、職業です。

　下の図表では現在、フードアナリストとして活動している方はどんな活動をしているかを分類してみました。次項ではそれらを詳しく解説していきます。

●フードアナリストの仕事・活動一覧

分野	フードアナリストの仕事・活動
情報発信系	食のインフルエンサー（ブログ、Instagram、Facebook、YouTubeなど）
	フードライター、フードジャーナリスト
	フードエッセイスト、小説家
調査分析	フードアナリスト・レポート作成（調査分析）
広報・広告	広報、プレスリリース作成・執筆
	広告、広告戦略&ブランディング提案
メディア	テレビ・ラジオ・新聞で食レポ、食のニュースの解説コメント、レシピ紹介、雑誌や新聞の食エッセイ連載
通信販売	テレビ通販での食品商品開発&紹介、雑誌やWEB通販での推薦コメント
調査とアイデア	商品開発
	商品ネーミング、ロゴマーク企画作成
料理関係	レシピ提案、再現レシピ、料理提供、料理監修
	料理教室運営、料理教室講師
レストラン	スタッフ研修（サービス・ホスピタリティ）
	メニュー提案、メニュー監修
	レストラン経営、運営
大学・短大	非常勤講師（食文化、商品開発、マナー、ホスピタリティ外食産業論など）、フードアナリスト養成講座講師（大学学内開催）、食の研究者
専門学校	専任講師・非常勤講師（カフェビジネス、食の安全安心、飲食店インテリア、ホスピタリティなど）
カルチャーセンター	食文化講座開講、マイ箸作り教室、フードアナリスト・ベーシック講師、レストラン研究講座
審査員	ジャパン・フード・セレクション審査員、食の審査員、レシピコンテスト審査員
コンサルタント	食のコンサルタント、アドバイザー、顧問
営業	スーパーマーケットや食品店への営業での食品の食べ方提案など

フードアナリストとしての14の主な仕事

フードアナリストは、食の情報を受信して、収集して、読み解いて、発信するプロフェッショナルです。インターネット上で誰でも情報発信ができる時代が到来したからこそ、フードアナリストの存在感は高まっています。

食べ歩いて比較分析して発信する仕事

　インターネット上には、食の情報が溢れています。中には売らんがための情報や、一方的で独善的な哲学や宗教の考え方に基づいた情報、また科学的根拠のない情報も多く見られます。

　フードアナリストは、こんな時代だからこそ、しっかりとしたメディア・リテラシーを持った食の専門家として情報発信を担う役割が求められます。

　フードアナリストとしての仕事は14に大きく分けられます。

フードアナリストの仕事① 情報発信系

食情報のインフルエンサー

　フードアナリストといえば、「インフルエンサー」といわれるぐらいフードアナリストの仕事として定着し始めています。ブログやnote、Instagram、Facebook、YouTubeなどで情報発信をしています。食に特化したインフルエンサーとして、イベントや記者会見などに参加して情報拡散を依頼される場合も多いようです。

　情報発信できるツールを1つ以上持つことは、フードアナリストにとって必須です。

フードライター、フードジャーナリスト

　フードアナリストとして食の知識を身につけ、食の情報やニュースに触れていると、食のことについて書くフードライターや、食についての問題意識を持って書くフードジャーナリストになる人も多くなってきました。中にはフード限定ではなく、ライターとして活躍する人も。

　いずれにせよ、食の専門知識に精通していながら、メディア・リテラシーに基づいた、俯瞰的、合理的、客観的、中立・公正な立場からの発信ができるのがフードアナリストです。

フードエッセイスト、小説家

　フードアナリストとして3年以上活動していると、食の豆知識や蘊蓄話、雑学が多く身につくため、フードエッセイやフードコラムを書く人もいます。新聞や雑誌でも食のコラムは人

●食の発信者の階層

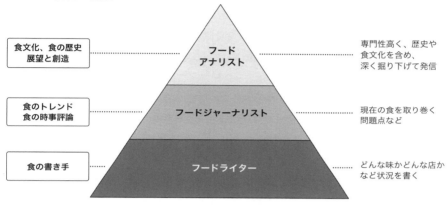

| 食文化、食の歴史 展望と創造 | ………… | フード アナリスト | ………… | 専門性高く、歴史や 食文化を含め、 深く掘り下げて発信 |

（ピラミッド図）
- 上段：フードアナリスト
- 中段：フードジャーナリスト
- 下段：フードライター

食のトレンド 食の時事評論 …… フードジャーナリスト …… 現在の食を取り巻く 問題点など

食の書き手 …… フードライター …… どんな味かどんな店か など状況を書く

フードライター	食の書き手
フードジャーナリスト	現代社会における食の課題点を問題提起するライター。新聞社や雑誌社の生活ジャンル記者が独立してフードジャーナリストとなる場合が多い
フードアナリスト	過去…食の歴史や食文化に精通し、現在…現在の食のトレンドや課題点を分析、読み解いて、未来…未来予想や展望まで語る、食の発信者

気がありますが、なかなか書き手がいません。フードアナリストの活躍の場は広がっています。中には小説を書いているフードアナリストもいます。

フードアナリストの仕事② 調査分析

フードアナリスト・レポート作成

　フードアナリスト・レポートを作成するのが、フードアナリストの本業です。フードアナリスト・レポートには商品系とレストラン系があり、それぞれ最大100のチェック項目があります。テンプレート通りに作成すればひと通りのレポートは完成しますが、さらにフードアナリストが個人的に集めた公的機関が発表している統計や図表を盛り込めば、レポートの内容に厚みが出ます。レポートの書き方については、協会内で研究会や研修会を実施していますので、ぜひ参加してみてください。

広報・プレスリリース作成・執筆

　広報とは、経営方針や製品開発、業績、社会貢献活動などの会社の情報を「ニュース素材」として報道機関に提供し、メディアの判断により「記事」として報道してもらうための活動です。プレスリリースはメディア向けのニュース配信。プレスリリースを書いて多くのメディアに取り上げてもらうための知識とノウハウを、フードアナリストは持っています。メインの目標はキー局のテレビ番組で、ニュースやバラエティ・情報番組の中で取り上げてもらえるプレスリリースを作成して発信することです。

広告・広告戦略&ブランディング提案

　広告とは、商業上の目的でさまざまな有料のメディアや広告媒体に掲載をすることで、ユーザーに対して商品やサービスの宣伝や販売促進を行うことです。広告媒体から最低限のチェックは受けますが、お金を支払って広告掲載する側ですので、基本的には好きなタイミングで好きな広告を掲載することができます。広告は広報に比べて費用がかかりますが、広報（プレスリリース）と連動することで大きな成果が期待できます。

　フードアナリストの主戦場はあくまでも広報部門ですが、プレスリリースと組み合わせることによって、企業のブランディングを含めたイメージアップを図る提案をすることもフードアナリストの仕事です。

●プレスリリースで掲載を狙うターゲット媒体ピラミッド

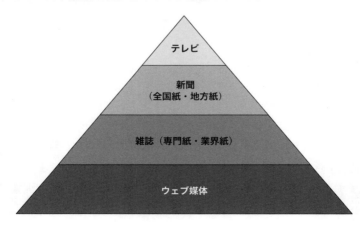

フードアナリストの仕事④ メディア関連

テレビ・ラジオ・新聞でのレストランや食品・商品を紹介します。食レポや食のニュースの解説コメント、レシピ紹介、雑誌や新聞の食エッセイ・コラムを掲載します。

食レポの表現力は文章力に左右されます。きちんとした文章が綴れない人は、きちんとした食レポもできません。フードアナリストの食レポは、「美味しい」とはいいません。「なぜ美味しいのか」「どのように美味しいのか」について語る食レポです。

フードアナリストの仕事⑤ 通信販売

食品や飲料のテレビ通信販売のゲストとして活躍するフードアナリストも増えています。商品知識やターゲット層、マーケティングに詳しく、食レポ能力の高いフードアナリストは、テレビ通販の世界でも活躍しています。商品開発から商品紹介までをこなします。通販でカリントウを1億円売る「通販の女王」と呼ばれるフードアナリストも誕生しています。

フードアナリストの仕事⑥ 調査とアイデア

商品開発

全国、世界中の流行の商品情報に詳しいフードアナリストは、商品開発に携わる人も多く存在します。商品開発の原案作りから企画・制作、パッケージまで、商品開発全体に関わります。

商品ネーミング&ロゴマーク作成

商品ネーミングやロゴマーク作成も、商品開発の一環としてのフードアナリストの仕事です。全国、世界中の食品情報に詳しいからこそ、ニーズに適したネーミングやロゴマークをセレクションできます。

フードアナリストの仕事⑦ 料理関係

レシピ提案、再現レシピ、料理提供、料理監修

フードアナリストは、料理を作る側ではなく、食べる側のポジションですが、消費者目線を持った料理人としての一面もあります。フードアナリスト出身の料理研究家も、たくさん輩出しています。食の情報に詳しいから考案できるレシピ提案、再現レシピ、料理監修を依頼されるフードアナリストも多くいます。食の歴史や食文化史にも詳しいので、再現レシ

ピの依頼もあります。雑誌や新聞でのレシピ提案はもちろん、大手キー局のニュース番組の料理監修に名を連ねているフードアナリストもいます。

料理教室運営、料理教室講師

　料理教室の運営や講師をしているフードアナリストも多くいます。フードアナリストとして本を出版したり、テレビやラジオに出演したり、雑誌などに投稿するうちに知名度が上がりますので、「料理を教えてほしい」「料理教室の講師をやってほしい」という依頼が増えるようです。料理が元々得意な人も多く、料理教室を運営されているフードアナリストも増えています。

フードアナリストの仕事⑧ レストラン

スタッフ教育（サービス・ホスピタリティ）

　多くのレストラン（飲食店）にお客としてサービスを受けているフードアナリストは、運営側のコンセプトやQSC（クオリティ、サービス、クレンリネス）を理解したうえで、サービスを評価することができる唯一の存在です。お客サイドの目線を持っているため、サービス提供者のサービスについても、何が問題かを説明できます。SNSで情報発信が誰にでも可能な時代、お客側が何を考えて、何を求めているかを知っているからこそできるスタッフ教育（サービス・ホスピタリティ）がフードアナリストには可能です。

メニュー提案、メニュー監修

　レストランは一般家庭での料理と違い、ランチタイムやディナータイムのピークタイムには100食以上の食事を提供する店舗も珍しくありません。料理人や調理補助の人財のクオリティも考えなければなりません。たとえば、ファミリーレストランのようなお店はセントラルキッチンで作って、店舗では温めて並べるだけのメニューも少なくありません。また原材料の原価率も売価の35%以下という制約の中で、メニューを考えなければなりません。レトルトや冷凍保存のコストも考慮しなければなりません。

　一方、個人店ではプライドの高い料理人も少なくありません。レストランにおけるフードアナリストは、「どのような料理がいい（と私が思うか）」を提案するより、「●●（原宿、仙台、札幌、博多、ニューヨーク、韓国、台湾など）では、こういう料理が流行し始めていますよ。行列ができていますよ」「作り方はこういうレシピです。ちょっとアレンジするとこうです」といった食の情報を中心に提案する場合が多いようです。そのため、フードアナリストは他の

資格の専門家と違い、レストランや飲食店のプロの料理人にも喜ばれ、共存できるのです。

レストラン経営・運営

　レストランや飲食店、カフェの経営者でフードアナリストの人も増えてきています。フードアナリストの講座では、レストラン経営はもちろん、マーケティング、サービスやホスピタリティや、食器や調度品、店内の机や椅子、絵や音楽まで学びますので、レストラン経営者・運営者が最も学ぶべき内容といえます。

フードアナリストの仕事⑨ 大学・短大

非常勤講師

　フードアナリストは、全国50校以上の大学や短期大学で「フードアナリスト4級対策講座」（1日間取得コース）、「フードアナリスト3級対策講座」（2日間取得コース）を開催しています。大学の中には、正式なカリキュラム「フードアナリスト概論」として、フードアナリスト4級対策講座や3級対策講座を導入して単位として認定している大学も増えてきています。90分間の講義を1年間もしくは半年で、4級もしくは3級までを取得するカリキュラムです。その場合、大学教授がフードアナリスト協会認定講師まで取得して講義を担当する場合もありますが、多くは、協会認定講師が非常勤講師として「フードアナリスト概論」を担当します。フードアナリスト概論以外にも、「フードデザイン論」「ホスピタリティ論」「商品開発論」などの講座を、大学の非常勤講師として講義をするフードアナリストも増えてきています。大学院で食文化の研究をしているフードアナリストもいます。

フードアナリストの仕事⑩ 専門学校専任講師・非常勤講師

　調理製菓専門学校、栄養専門学校、観光専門学校、航空CA養成学校などでも、「フードアナリスト4級対策講座」（1日で取得可能）、「フードアナリスト3級対策講座」（2日で取得可能）が設けられています。こうした専門学校においても、専門学校の教室において4級、3級の講座の講師に日本フードアナリスト協会認定講師が就いています。

　調理師学科、製菓衛生師学科、栄養学科の4級・3級対策講座の講師だけでなく、週1回1年間を通して講義をするフードアナリストも増えてきています。講義内容も、「ホスピタリティとサービス」「薬膳」「レストランの内装とインテリア」「カトラリー」「メニュー開発」「食文化と歴史」など多岐にわたります。

フードアナリストの仕事⑪ カルチャーセンターの講座講師

フードアナリスト・ベーシック講座開催&講師

全国各地の比較的大きな街に必ずあるカルチャーセンターでは、多種多様な文化講座が開催されています。特に食に関する講座は人気が高く、実際に食べたり飲んだりする内容の講座はさらに人気があります。フードアナリスト・ベーシック資格は4級の下の入門資格です。

フードアナリスト・ベーシック資格養成講座は、日本と世界の食文化を俯瞰的に学べる内容で、多くのカルチャーセンターで開講されています。フードアナリスト・ベーシック資格を取得できる点、最終日は実際にレストランに行って解説を聞きながら実践研修をしながら食事会をする講座が人気です。

マイ箸作り講座開催

日本フードアナリスト協会では、「日本箸教育講師」という日本食文化と箸の講座を開催できる資格を協会会員内資格として育成・認定しています。日本箸教育講師有資格者は、日本フードアナリスト協会を通して「マイ箸作りキット」とマイ箸作りに必要な紙ヤスリ、ノコギリ、ノコギリ台などの提供を受けて、「世界に1つだけのマイ箸作り講座」を開講できます。「世界に1つだけのマイ箸作り講座」は全国の小学校（親子で参加）や企業、そしてカルチャーセンターなどで開催されている人気講座です。日本食文化と箸の歴史を座学で学んだあと、自分の手の大きさに合った箸の長さに切ったマイ箸作りキットの箸に彩色し、その後、漆器業者に送付、本漆でコーティングしたマイ箸が届けられる講座です。

その他、食文化講座

食文化に強いフードアナリストの中には、地方の郷土料理や名産品を使った料理や食品についての食文化講座を開講している人も増えています。

「●●地方の歴史と食文化を学ぶ」「150年続く●●料理を学び伝える講座」など地域密着型の食文化講座は人気です。地元のカルチャーセンターで地元の郷土料理や名産品を使った料理の食文化講座開講から、地元の地方新聞のエッセイ連載などに繋がるといった仕事の幅が広がる可能性もあります。まずは動いてみることが大切です。

フードアナリストの仕事⑫ 審査員・推薦エントリー

ジャパン・フード・セレクションの審査員

ジャパン・フード・セレクションは、世界でも有数の食品・飲料専門の審査・評価・認証

制度で、日本フードアナリスト協会が運営しています。1次審査、2次審査、最終審査の3回、審査員のすべては、資格を持ったフードアナリストで、協会では審査員向けに毎月研修会を開催して、審査員の研鑽・育成に努めています。1次審査は4級フードアナリスト以上が審査員となり、30のチェック項目、2次審査は3級フードアナリスト以上が審査員となり、50のチェック項目、最終審査は2級フードアナリスト以上が最終審査員となり、100のチェック項目を審査します。

推薦エントリー制度

ジャパン・フード・セレクションは、フードアナリスト協会認定会員に対して広く推薦制度を設けており、フードアナリストが「美味しい」「ユニーク」「素晴らしい」と思った商品の推薦を受け付けています。推薦エントリーは、推薦商品名、企業名、推薦理由など簡単なアンケートになっていて30秒から数分でできます。

推薦した商品が本審査まで進んだ場合、8,800円〜数万円の推薦エントリー報酬が受け取れます。

コンテストなどの審査員

フードアナリストは、プロデュースができるコンシューマ（消費者）、すなわち食のプロシューマです。生産者の都合や考え方もわかる消費者ですので、審査員をするのにこれほど適した資格者はいません。

フードアナリストは「ファンクラブ」ではありません。「ファン」とは、特定の人物や事象に対する支持者や愛好者のこと。「熱狂的な」を意味する ファナティック（英：fanatic）の略から来ていることからも、相手のことを何でも無条件で受け入れて支持・愛好します。恋人同士や芸能人の熱狂的なファンなどが「ファン」です。多くのファンの特徴は熱狂的であり、相手のすべてを受け入れようという姿勢です。

一方、フードアナリストは食品メーカーや飲食店の「ファンクラブ」ではなく、「応援団」というポジションです。ファンクラブは「あばたもエクボ」「恋は盲目」ですが、応援団は家族や親友です。基本的には相手を受け入れますが、10のうち1か2だけは「相手のことを考えて」「愛を持って」苦言も辞さないのが家族であり親友です。

フードアナリストが審査員をする際は、「一般人よりもほんの少しだけ厳しい眼」で対象を審査するのが大切です。あくまでも頑張っている飲食業界の発展を願い、応援しながら、改善点を的確に指摘するというのが、フードアナリストの審査員のスタンスです。

　食のコンサルタント、食のアドバイザー、企業の顧問として仕事をしているフードアナリストも増えています。地域の6次産業化アドバイザー、地域活性化などで活躍されているフードアナリストも多くいます。関与先には必ず1カ月に1度は、「フードアナリスト（コンサルティング）レポート」を作成しましょう。

　フードアナリスト資格は、大手企業を中心に多くの食品メーカーや食品商社において研修に導入されています。食品業界に入社してくる新入社員は、大学では農学や生命科学、栄養学、食品化学を修めた学生だけでなく、経済学部や法学部、文学部出身の学生も多くいます。

　例えば入社する会社がウイスキーの会社だとします。洋酒を製造したり販売したりするわけですから、洋酒についての知識は入社年次が上がるごとに増えるのは当然です。洋酒会社の社員は、いわば洋酒のエキスパートです。つまり洋酒という縦糸はどんどん長く太くなります。しかし、洋酒を買うほとんどの消費者は、洋酒そのものだけを楽しんでいる人は少なく、食事やつまみ、旬の食材、グラスやカトラリー、音楽や家具、景色や雰囲気、会話とともに洋酒を嗜む人がほとんどです。いわゆる食周辺の知識を理解していないと、消費者の本当のニーズはわかりません。

　フードアナリストは食の資格の中で唯一、食を俯瞰的に学ぶことができる資格です。つまり食の知識の横糸、奥行きを紡ぐことができます。フードアナリストの知識によって、食の知識は点から面へ、面から立体へと広がります。そうすることで営業における提案力、販売力がアップするという評価を得られるのです。

Chapter 2

第 2 章

情報発信する前に
～禁止用語について
これだけは知っておこう

絶対に言ったり書いたりしてはいけない言葉「禁止用語」

フードアナリストは、フードアナリスト4級資格を取得して、認定会員もしくは正会員に登録して活動を開始します。フードアナリストになって、最初に学ぶことは「禁止用語」と「著作権の問題」です。本章では「禁止用語」について学んでいきましょう。

差別用語や不快用語は即退場に

フードアナリストは食の情報発信と表現の専門家です。そのため、差別用語、不快用語などの禁止用語を使用しただけで、表現者としては失格となります。あるフードアナリストの講演で、冒頭に1回だけ差別用語を使ってしまい、その後、会場からの批判の声が上がり、講演が中止になったことがあります。

表現者たるフードアナリストは、特に細心の注意を払うべきなのが、差別用語、不快用語です。フードアナリストは炎上商売ではありません。常に誠実に真面目に食と向き合う姿勢が大切です。

性別、職業、身分、地位、境遇、宗教、信条、人種、地域、心身の状態、病気、身体的な特徴などについての言葉遣いは特に注意が必要です。自分自身が心に秘めている分には自由で構いませんが、言葉や文章にして発信してしまうと、多くの人が不快に感じる、それが禁止用語です。

差別の観念を表す言葉、言い回しは当事者にとって精神的な苦痛につながり、差別やいじめの連鎖に繋がりますので、フードアナリストは使用してはいけません。禁止用語については、前著『「食」情報インフルエンサーの教科書』（徳間書店刊）の中でも触れましたが、大切なお話ですので、もう一度本書でも触れておきます。

差別用語、不快用語の言い換え

　通常、差別用語、不快用語を使わずに言い換えますが、ただ単に言い換えればいいというわけではありません。常に「使われた側」「当事者」意識に立って、侮辱的な表現になっていないか、差別的な表現になっていないか、精神的苦痛を与える表現になっていないかと意識して使う必要があります。

　昔から使われている成句やことわざなどについても、センシティブに扱いましょう。若い人の中には聞いたこともない差別用語や不快用語もあるでしょうが、知識として頭に入れておいてください。

　共同通信社の「記者ハンドブック」新聞用語集は、差別用語、不快用語についてとても明確に説明されています。日本フードアナリスト協会のフードライター研究会などの勉強会やセミナーでも参考書籍として使っていますので、ぜひ購入して、手元において何度も読み返してみてください。とても勉強になります。

差別をなくすことがフードアナリストの原点

　日本フードアナリスト協会の設立理念は「尊命敬食」です。「いかなる命も尊んで、いかなる食べ物も敬愛しましょう」という理念です。まわりの命を尊みましょう。食べ物を敬いましょう。誰かの命を支えている食べ物は馬鹿にしたり、侮辱したりするのはやめましょうということです。

「禁止用語」についての考え方の基本も同じです。

　基本的人権を守り、誰かの大切にしているものを踏みにじらない。あらゆる差別をなくすために努力することは、「命」である「食」を志すフードアナリストの原点です。

　フードアナリストの基本の中の基本、「禁止用語」「差別用語」「不快用語」については、上級フードアナリスト（2級以上）になっても、何度も何度も読み返して学び直して、最新の知識を更新しておきたいものです。

障害や病気に関する差別用語・不快用語

身体的な障害や精神的障害の表現についてコメントしたり文章を書いたりする際には、最も気をつけなければなりません。できる限り、当事者の人権と尊厳を尊重した表現を意識してください。

心身の障害、病気の差別用語と不快用語

●心身の障害、病気の差別用語・不快用語とその言い換え

差別用語、不快用語	言い換え例
めくら	目の見えない人、目が不自由な人・状態
おし	口の利けない人、言葉が不自由な人・状態
つんぼ	耳の聞こえない人、耳が不自由な人・状態
びっこ	足が不自由な人・状態
ちんば	足に障害のある人
いざり	足が不自由で立てない人・状態
どもり	発音が不自由な人・状態
気違い	精神障碍者
不具、かたわ	身体障害（者）、体が不自由な人・状態
廃疾、業病 不治の病	使用不適切 「難病」も厚生労働省指定難病以外は使わない
奇形児	肢体の不自由な子ども
蒙古症	ダウン症候群
文盲	読み書きのできない人、非識字者
文盲率	非識字率
色盲、色覚異常	色覚障害
やぶにらみ	斜視
ヨイヨイ	半身不随、中風
知恵遅れ、低能	知的障害、知的発達の遅れた子（人）
精神薄弱	知的障害、精神遅滞
精神病院	精神科（病院）、神経科（病院）
精神分裂症	統合失調症
白痴	知的障害
植物人間	植物状態（の患者）
白ろう病	振動病
らい病	ハンセン病
アル中	アルコール依存症

　たとえば、直接身体に関係のない靴などの履物が左右違うものである場合も、「ちんば」とはいわずに「左右がふぞろい」と表現します。「ちんば」という言葉が連想させる身体的な障害に対しての配慮です。

　昔はよく使われた「アル中（アルコール中毒）」についても、WHO（世界保健機関）の提唱で「アルコール依存症」という言い方に統一されています。ただし急速に限界量を超えた飲酒によって意識障害などを起こす症状は、「急性アルコール中毒」と呼びます。ただし、「急性アル中」と略しては使いません。

心身障害に関係する不適切な表現とは

　心身障害が当事者でなくとも、心身障害に関係する表現にも気をつけなければなりません。心身障害者を差別、侮辱するような成句やことわざについてもセンシティブに対応をしてください。フードアナリストは原則として使用不可です。

●心身障害に関係する不適切表現

心身障害に関する 不適切表現例	あきめくら、つんぼ桟敷、めくら蛇におじず、めくら判、片目が開いた片ちんば、片肺飛行、気違いに刃物、気違い沙汰、 カーキチ（●●キチ）、群盲象を評す、自閉症的な、自閉症ぎみ

 column ｜ **時代とともに変わりゆく言葉**

　差別用語や不快用語は時代によって変化していきます。
　2004年6月に厚生労働省は「痴呆」に替わる用語に関する検討会を設置し、以後「認知症」という言葉が使われるようになりました。もともと「痴呆」は、脳や身体の疾患を原因として記憶・判断力などの障害が起こり、日常生活が送れなくなった状態を意味します。ただ、「字体、言葉の響きから蔑視的なニュアンスは消し去れない」「蔑視・偏見の可能性のある語を病名として使うべきではない」といった意見により変更されました。こうした行政指導による変更もあれば、「オカマ」（正しくは「トランスジェンダー」）などのセクシャリティ用語は現代の多様な社会性によって差別用語に分類されるようになりました。このように時代や社会環境によって、差別用語や不快用語は変わっていきます。そのため、常にアップデートが必要となります。

職業や出身地、生い立ち、国や民族に関する差別用語

差別用語とは、相手の属性（国籍、人種、カースト、性別、宗教、障害者、職業、地域）に依存しています。現代ではさまざまな人種や文化と交流があります。一人ひとりの個性も尊重されます。これまで以上に、差別用語や不快語に敏感になる必要があります。

職業（職種）に関しても差別用語や不快用語がある

「職業に貴賤なし」ということわざは、「職業による社会的地位の格差はなく、どんな仕事しているかによって人を差別・値踏みすべきではない」といった意味です。どのような仕事も働くこと、職務を全うすることに敬意を持つことです。

職業（職種）も、上から目線、侮蔑した表現は避けます。

特に「バーテンさん」は不快用語であり、「バーテンダーさん」と表現します。「サラ金」も「消費者金融」。

職業については基本的スタンスとして、「●●屋さん」のように職業や肩書を示すのは避けたほうがよいでしょう。

- **洗濯屋→クリーニング店**
- **肉屋→精肉店**
- **魚屋→鮮魚商（店）**
- **ドヤ街→簡易宿泊街**
- **花屋→生花店**
- **ペンキ屋→塗装業**
- **文房具屋→文具店**

「花屋さん」「床屋さん」「魚屋さん」「八百屋さん」のような愛称的な表現については使ってもよいです

●職業（職種）に関する差別用語・不快用語例

不適切表現	言い換え例
女工	女性従業員
人夫	作業員
土方、土工	建設労働者・作業員
炭鉱夫、坑夫	炭鉱作業員、坑内員
潜水夫	潜水作業員
漁夫	漁民、漁船員
沖仲仕	港湾作業員・労働者
馬丁	厩務員、馬取扱人
掃除婦（夫）	清掃作業員・従業員
農婦	農家の女性、農村の女性
百姓、農夫	農民、農家の人、
床屋	理髪業・店、理容師
女中	お手伝いさん
女給	ウエートレス、バー従業員
バーテン	バーテンダー
サラ金	消費者金融
町医者	開業員
産婆	助産師
坊主	僧、僧侶、坊さん
あんま	マッサージ師
バタ屋、くず屋	再生資源回収業
労務者	●●作業員
企業戦士	なるべく使わない

が、その場合でも文脈に注意して使用しましょう。

「企業戦士」といった言い方も、最近では不快用語に分類されます。

出身地や生い立ちなど身分に関する差別用語・不快用語

　身分などを記述する場合、同和問題（被差別部落問題）がセンシティブな問題となります。記述する場合は細心の注意が必要です。

　結婚相手を探す場合の「釣り書き」「吊書」も差別用語、不快用語です。「生い立ちの記」もしくは「自己紹介文」が自然な言い方です。

●身分などに関する差別用語・不快用語

同和	単体では使用不可 「同和教育」「同和行政」「同和女性問題」などとする
特殊部落	被差別地区、被差別部落、同和地区
部落	被差別部落を連想するのでなるべく使わない。「村落」「集落」「地区」と言い換える
釣り書き（吊所）	使用不適切。「生い立ちの記」「自己紹介書」

人種や民族に関する差別語・不快用語

　民族表記についても、差別語、不快用語に気を付けてください。日本人、ドイツ人、イタリア人のように●●人と表記する場合は問題ありませんが、●●族と表記する場合は差別用語になる可能性があるので注意が必要です。「クルド族」「マサイ族」「ツチ族」という言い方は、「クルド人」「マサイ人」「ツチ人」と、すべて「●●人」に言い換えます。

●人種、民族の表記

土人、原住民	先住民（族）、現地人
酋長	首長、集落の長
後進国、実開国、低開発国	発展途上国
黒んぼ、ニグロ、ニガー	黒人
外人	外国人
第三国人、　三国人	使用不適切
帰化人	渡来人
ジプシー	ロマ、ロマ民族
エスキモー	イヌイット
ブッシュマン	サン人
ピグミー族	ムブティ人、トワ人

女性や子どもに関する差別用語・不快用語

「ジェンダーフリー」が叫ばれる昨今、特に「性別」による男女の差別を解消し、個々の能力が活かされ、安全で安心して暮らせる社会を作っていくことは世界共通の課題です。また、子どもに関する差別も関心が高まっています。

性差別に関する差別用語・不快用語

　女性であることを強調するような表現、女性を特別視するような表現は避けます。男性側に対語が存在しない女性表現は原則として不快用語だと考えてください。

　性差別に関わる使用しないほうがいい表現としては、「女傑」「女丈夫」「男勝り」「女だてらに」「女の戦い」「職場の花」「処女航海」「処女作品」「処女小説」「才媛」「才女」「才色兼備」など、女性であることを殊更に強調した表現です。

　「夫唱婦随」「男は度胸、女は愛嬌」「いかず後家」「売れ残り」「オールドミス」「お局さん」「出戻り」「女の浅知恵」「女のくせに」「男のくせに」「女々しい」「女の腐ったような」などに代表される男性優位社会で生まれた言葉も不快用語に該当します。

　「イケメン」「美人アナウンサー」など興味本位の主観での表現や、「ブス」「デブ」「チビ」「ハゲ」のような容姿に言及した表現もNGです。

●性差別に関する差別用語・不快用語例

女流	使用不可。「女流名人」などの固有名詞以外は使わない
女史	●●●●さん
婦警、婦人警官	女性警察官
未亡人、後家	故●●さんの妻、「●●夫人」「●●さん」など具体的に表記。「夫を失くした女性」など
婦女子	女性と子ども
入籍	男女とも初婚の場合は新しい戸籍を作るので入籍とはいわない。養子縁組の場合は別
内妻、内縁の妻	同居の●●さん
連れ子	差別的な意味で使ってはいけない。「●●さんの長女」と表現

子どもに対する差別用語、不快用語

子どもに対する差別用語、不快用語には特に注意が必要です。日本フードアナリスト協会では食育にも力を入れていますので、幼稚園や小学校の現場で食育の授業をすることもあります。子ども関係の差別用語、不快用語の知識は必須です。

公立の小学校では「朝ごはんを食べてきましたか」という問いかけは止めてください、と現場の先生にいわれます。小学生の子どもは、朝ごはんを食べたいのに、両親ともに忙しくて朝ごはんを作ってもらえない家庭の子どもが多いというのが理由です。

「ご両親は」という言い方もしてはいけません。お父さんかお母さんしかいない家庭も多いからです。「親御さんは」と言い換えるのが正解です。

いろいろな家庭があります

●子ども関係に関する差別用語・不快用語例

登校拒否児	不登校の児童・生徒
教護院	児童自立支援施設
孤児院	児童養護施設
父兄会	保護者会
片親、欠損家庭	使用不適切
私生児、私生子	非摘出子
混血児、合いの子	使用不可
鍵っ子	使用不可
もらいっ子	使用不可
精薄児	使用不可
ちびっ子	なるべく使わない

が、せめて子どもたちには劣等感や引け目を感じないような言葉遣いをすることで、子どもたちの心に寄り添えるような食育活動をしていきたいと協会は考えています。

業界用語や隠語、俗語の使用にも注意が必要

業界用語とはその業界で用いられる略語や隠語のことです。それが生まれた理由を紐解くことはその業界のことを知るために役立ちますが、それを食レポなどで使用するのは、読者や視聴者に不快感を与えかねません。

隠語、俗語の差別用語・不快用語

不快感を与える言葉、配慮がない言葉、品位に欠ける言葉や隠語類は、どうしても使わなければいけない場合を除いて使用を避けてください。

一般的には、反社会的勢力が使うような隠語や各業界で使

●俗語、隠語についての不快用語例

鬼の様な夫婦	使用不適切
ドヤ（街）	官位宿泊所（の集まっている場所）
飯場	（建設）作業員宿舎
たこ部屋	劣悪な作業員宿舎
足切り	2段階選抜、門前払い
養老院	老人ホーム、老人養護施設、老人介護施設
スキンヘッド	頭をそり上げた、そり頭
バカチョンカメラ	簡易カメラ、軽量カメラ

われている業界用語の中には、品位に欠けるものもあります。フードアナリストとして情報発信する時は隠語や業界用語はなるべく使わないようにしましょう。

協会が決めている「フードアナリストの8つの約束」の中には、「プロぶらない」「常連ぶらない」が真っ先に挙げられています。そのため、業界内だけで使われる言葉や隠語は食レポやフードライティングでは使いません。

ただし、フードアナリストとして飲食店業界や食品業界の隠語や業界用語については理解しておくことは大切です。コンサルティングやアドバイザー業務、商品開発や広報業務をする際に役に立つこともあるからです。ひと通りは押さえておきましょう。

●一般的に使用不可の隠語例

「いちゃもんをつける」「落とし前をつける」「ガサ入れ」「ガンをつける」「けつをまくる」「サツ」「シマ」「スケバン」「番長」「ずらかる」「暴やん」「賊」「タタキ」「たれ込み」「チャリンコ」「デカ」「ぱくる」「ホシ」「ブタ箱」「ムショ」「ヤク」「やばい」

●知っておきたい飲食店の業界用語

トレンチ	ウエイターが運ぶお盆のこと。厳密には片手で持つことができる丸いお盆
ダスター	テーブルを拭く布巾。お客が帰ったあとに拭く
マドラー	ドリンクを混ぜる際に使う細長い棒
カスター	テーブルに置かれた醤油や塩などの調味料、爪楊枝などがセットされた容器のこと
ヒヤタン	冷たい水を入れて出すためのグラス。「お冷（冷たい水）を出すためのタンブラー」の略語
シルバー	フォーク、ナイフ、スプーンなどのカトラリー全般のこと。銀製でもなくても、カトラリーは「シルバー」と呼ぶ
キャッシャー	レジのこと。もしくはレジのある場所を指す。会計係のスタッフのことを指す場合もある
バッシング	テーブルからお皿を下げること。中間バッシング（中バシ）は、お客が食事をしている間に食べ終わったお皿を下げることを指す
デシャップ（ディシャップ）	できあがった料理をチェックし、オーダー表でテーブルを確認、サービススタッフへ受け渡すこと。もしくは受け渡す場所。Dish up（ホールへ料理を出す）が語源といわれている
サプライ	足りなくなった食器類を補給すること
ラウンド	お客のテーブルを回り、サービスをすること。「全テーブルをラウンドしてきます」などと使う。一番の目的はおかわりのドリンク注文を取ること
ワンモア	テーブルをラウンドして、ドリンクなどのおかわりの注文を取ってくること
アピアランス	身だしなみのこと。スタッフの身だしなみを指す際に使う
ウェイティング	現在満席であり、入口でお客に待たせている状況を指す
アイドルタイム	お客が少ない時間帯。例えばランチタイムから夜の営業までの間など。お客が一人もいなくなった場合には、「ノーゲ」「ノーゲス」（＝NO GUEST）という。ランチタイムとディナータイム以外が、普通はアイドルタイム
チップ	日本の飲食店の場合、お客から受け取るチップではなく、お皿やグラスが欠けていることを指す
せきまえ	お客から注文を受けたのに、料理がなかなか来ないとクレームがついた注文を指す。調理スタッフから「せきまえだから急いで！」といわれたら、ウエイターはキャリーする際にはお客に「遅くなり大変申し訳ございません」と謝罪する
ヤマ	品切れのこと。ショートということも。ホールの場合、「瓶ビールがヤマです」と使う。ホールだけでなく、キッチンでも使う言葉で、使い方は「Aセットがヤマです！」
カワ	お店が一番売りたい料理・ドリンクを指す。本日のおすすめなど、おすすめ料理・ドリンクを指す
ショッカー	覆面調査員のこと
3番	トイレのこと。お店によっては、番号が変わることもよくある。たとえば、トイレチェックに行く際には「3番チェック行ってきます」などと使う
太郎さん・花子さん	ゴキブリのこと
ストーブ	オーブン台、コンロのこと
兄貴・弟	食材の新鮮さの順番を指す。「兄貴」は古い食材で、「弟」はその逆
蹴る	足で蹴るのではなく、フライパンや鍋で食材を炒めたりするために箸などで食材を動かすこと。「その肉蹴っておいて」などと使う
ポーション	ひと皿に載せる料理の量を指す。適切なポーションを考えないと、サービスの質の低下や利益にも響いてくる。「オーバーポーション」は、盛りすぎの意味。逆に少ない場合には、「アンダーポーション」という

●寿司店での隠語・業界用語

かっぱ	キュウリの細巻きのこと。キュウリは妖怪かっぱの好物だということから連想
鉄火	マグロの細巻。鉄火場（賭博場）で、マグロの細巻きがよく食べられていたという話から「鉄火」と呼ばれる。今では鉄火丼や鉄火巻きは普通のメニューの名前になっている
玉（ぎょく）	卵のことを指す。玉子の玉（ぎょく）から
ガレージ	シャコのこと。車庫＝ガレージというダジャレから
ゲソ	イカの足のこと
シャリ	すし飯のこと。「舎利」と書くことから、お釈迦様の遺骨が真っ白で、ありがたいという意味を持つ仏教用語。銀シャリとは、白いご飯のこと
デバナ	食事の最初に出されるお茶
アガリ	食事の最後に出されるお茶
ガリ	甘酢生姜。食べた時の「ガリガリ」という音がするということから
キヅ	かんぴょう巻きに使うかんぴょうを指す。かんぴょうは京都の木津が有名な産地というところから
クサ	海苔の隠語。海苔はその昔、浅草で取れていたため、「アサクサ」の「クサ」
ナミダ	わさびのこと。わさび抜きは「さび抜き」という
ヅケ	「漬ける」の「漬け」のこと。醤油に漬け込んだネタ
ムラサキ	醤油のこと。色が濃い紫色をしているため
一貫	寿司2個を「一貫」という。通常、寿司は2個単位、つまり「一貫単位」で注文する
おあいそ	お会計のこと。「食べていただいてこんなに喜んでいただいたのに、支払いの話をさせていただくのは、本当に愛想がなくてすいません」といった意味
エンソ	スタッフのまかない料理のこと。塩（エン）は塩漬け（漬物）、噌（ソ）は味噌汁の意味。今でこそ豪華なまかないを用意する店も増えたが、昔のまかないは漬物にみそ汁、プラスちょっとしたおかずで、時間をかけずに食べていた名残り

第 3 章

プロフィールの作り方
〜自己ブランディングの道

プロフィールはあなたという人物を「ニュース」にすること

プロフィールは、フードアナリストとしての看板であり、仕事をするための営業で最も大切なアイテム。どのような活動や仕事をしてきた経歴書（過去執筆した新聞や雑誌、テレビ画面をプリントアウトしたポートフォリオ）とともに、整備することが肝要です。

誰でも情報発信ができる現代こそ、プロフィールが大切

　1995年のIT革命以来、ブログから始まり、mixi、GREEといったSNSに発展し、実名SNSであるFacebookが登場し、最近ではYouTubeやInstagram、TikTokのような動画中心の情報サイトが主流となっています。

　誰でも情報発信が比較的簡単にできる時代となり、メディア・リテラシーがますます重要になってきています。

　メディア・リテラシーとは、メディアを主体的に読み解く能力、メディアにアクセスし、活用する能力。そしてメディアを通じコミュニケーションする能力です。 特に、情報の読み手との相互作用的（インタラクティブ）コミュニケーション能力を指します。メディア・リテラシーの基本は情報の信用度であり、どのような団体（に所属していた）の、どのような経歴の、どのような人が発信したかが大切となります。特に誰でも情報発信ができる現代社会では、実はプロフィールの重要性はますます大きくなっているのです。

　どのような仕事でも、「営業」が最も大切な仕事です。営業で仕事を取ってこないと、いかなる仕事も始まりません。

　ネットなどで仕事依頼を募集する時も、プロフィールが一番大切になります。

プロフィールに8つのニュース性を盛り込む

　プロフィールは、「自分自身という人間をニュースにする」とイメージしてください。

　前著『「食」情報インフルエンサーの教科書』（徳間書店）に、日本新聞協会が発表している「8つのニュース性」について詳しく書いています。

　①人間性、②新奇性、③国際性、④地域性、⑤記録性、⑥普遍性、⑦影響性、⑧社会性、の8つです。

　プレスリリースを作成する、商品開発をする際ほど思い切った表現は必要ありません。「世界で初めて」や「日本で唯一」みたいな文言は必要ありませんが、自身のプロフィールを作る際は、「自分をニュースにするにはどうしたらいいか」「どうしたら自分をニュースにできるか」を考えながらプロフィールを作っていく作業が必要です。

　プロフィールを書くには、自分をブランディングして、プロフィールを作る必要があります。 フードアナリストとして何が特徴なのか、誰にも負けない点はどこなのか、どのような実績があるのかを中心に、もう一度自分を見つめ直してください。

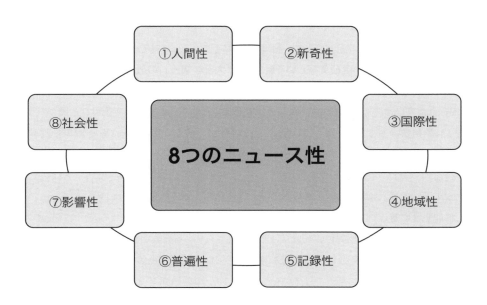

自分をブランディング化する方法は大きく分けて3つあります。1つ目が「単純化」です。「自分を単純化する」という手法ですが、それにはコツがあります。できれば競争の少ない、小さな領域で単純化することです。

有象無象の「料理研究家」という肩書

例えば「料理研究家」という名刺をもらったら、ほとんどの人が怪訝な顔をします。特にさほど有名ではない人が「料理研究家」を名乗っていたら、一般的には「怪しい」「変な人」「自己顕示欲の強い人」「勘違いしている」などといった批判を受けやすいものです。

食の世界は参入障壁が低いです。誰でも食事は絶対にしますし、食べることについては、誰でも評論や批判ができます。100人いたら100人が料理研究家であり、料理評論家です。そして誰でも、「料理研究家」と名乗ることができます。**料理研究家という肩書は、「大きな領域」の肩書といえます。**

かたや、「政治家と芸能人と料理研究家は世襲制」というぐらい有名料理研究家は、2代目3代目が多い世界でもあります。テレビや雑誌によく出ている料理研究家はひと握りです。他は有象無象。もちろん、そうではない人もいますが、多くの世間の人はそんな印象を料理研究家に対して持っています。

「料理くらいなら自分だってできる」「たいしたレシピも持ってないじゃないか」「それくらいならYouTube見ればいくらでもある」ぐらいの感覚ではないでしょうか。

料理や食に対しては、誰でも「いっちょ噛み」（すぐに顔を突っ込んでくる人）が多い参入障壁が低い世界です。反対に、それだけ誰もが注目している業界ともいえます。

フードアナリスト出身の料理研究家も増えてきていますが、世襲の人は一人もいません。地道に実績を一つひとつ積み上げていくことによって、料理研究家になっている人ばかりです。

今では料理研究家になるための登竜門がフードアナリストになることといわれるまでに、

フードアナリスト出身の料理研究家が活躍しています。今の時代、料理を作るだけなら誰でもある程度はできます。フードアナリストは同じ料理の作り方を、比較検討して自分なりに応用しているところが特徴です。「アナライズ（Analyse）分析する」という特徴は、料理研究家にとって必要不可欠な要素です。

イタリア料理研究家からパスタ研究家へ細分化

では、「料理研究家」という名刺ではなく、「イタリア料理研究家」という名刺ならいかがでしょうか。

イタリア料理はパスタとピザが中心で、1990年代から2000年代にかけて「イタ飯」という通称で非常に流行しました。運営するレストラン側からすれば、パスタもピザも小麦粉のため、原価が安く、利益の出やすい業種として人気化し、たくさんのイタリアンレストランができました。

私が協会を立ち上げた2000年代も、「イタリア料理研究家」全盛の時代。たくさんの女性イタリア料理研究家を自称する人と名刺交換しました。

「やはりイタリアによく行かれるんですか?」という質問に対しては、「イタリアには、まだ一度も行ったことありません。これから頑張ります」と答えるイタリア料理研究家も多く、イタリア料理の知識も技術も心もとなく、中には「どこがイタリア料理研究家なんだろう?」と考えさせられる人にもたくさんお会いしました。

まさに「イタリア料理研究家」の大量発生時代で、中には「この人、大丈夫なのかな」と思ったイタリア料理研究家もいたのも事実です。

それでは、「パスタ研究家」ではどうでしょうか。

パスタ料理なら、どれも高くても2000円前後。安いお店なら500円ぐらいで食べられます。パスタとは小麦粉を水で練って作った自然食品。庶民の料理といっていいでしょう。パスタ研究家ならば、料理研究家に比べて好感度はかなりアップします。

パスタとひと言でいっても、650種類以上あるといわれています。ロングパスタ、ショートパスタの他にも、ラビオリやラザニア、ニョッキ、クスクスのようなパスタもあります。

パスタも奥深いので、研究をする価値があります。

「パスタ研究家」ならば、料理研究家に比べて人数も少ないので希少性や注目度がアップ

します。

　それでは「カルボナーラ研究家」はどうでしょうか。

　カルボナーラとはパスタのソースの1つで、ベーコン・パルメザンチーズ・生クリーム・卵などで作ったソースです。パスタにからめて用います。カルボナーラというと、スパゲッティ・カルボナーラを指します。

　「カルボナーラ研究家」は、日本にはまだほとんどいません。カルボナーラも歴史があり、奥が深いパスタです。研究するのに不足はありません。カルボナーラ研究家ならば、好感度も上がります。

「どこのカルボナーラが一番美味しい?」

「美味しいカルボナーラを作るコツを教えてほしい」

　カルボナーラを専門に研究している人には、そんな質問をしたくなります。

誰もやっていないようなジャンルこそ狙い目

　自己ブランディングのスタートは、まずは自分を知ることです。

　なぜなら、自分を単純化するには、まず自分を見つめ直すことが大切だからです。フードアナリストならば食のプロですので、食の分野の中で「一番、何が好きなのか」「研究し続けても飽きないのは何か」をもう一度考えてください。漠然と「料理」や「日本料理」ではなく、具体的で個別の食べ物をイメージしてください。

「カルボナーラ研究家の●●です」

「全国の茶わん蒸しを3000種類食べ歩いたプロフェッショナルです」

「世界を旅してクロワッサンを3000種類食べた専門家です」

　これぐらいまで個別の食品を絞り込んで、専門家を名乗ってみてください。

　できれば競争率の低い、誰もやっていないようなジャンルこそ狙い目です。

　料理全般、日本料理全般、フランス料理全般ではなく、個別の料理や食品に注力したほうが「専門化」しやすいです。ホスピタリティやカトラリー、内装や雰囲気などの専門家も面白いでしょう。

「窓から見える景色が素晴らしいレストラン専門家」

「利休箸に特化した箸の専門家」

　などです。

一点突破から全面展開へ

　ブランディングは「一点突破」です。一点突破ができれば、「全面展開」ができます。「カルボナーラ専門家」として知名度が上がり、活躍することができれば、カルボナーラだけではなく、パスタ関係の仕事も確実に依頼されるようになります。すると、カルボナーラ単体の専門家から、「パスタ研究家」となります。カルボナーラ中心のパスタ研究家として活躍できるようになれば、今度は「イタリア料理」関係の仕事も来るようになるものです。イタリア料理全般を勉強しながら、「イタリア料理研究家」となります。

　いきなり「イタリア料理研究家」になったわけではなく、カルボナーラ研究家、パスタ研究家といったステップを踏んで、実績と経験、知識を持った「イタリア料理研究家」ですので、世間から怪訝な目で見られることはありません。

　名実ともに「イタリア料理研究家」として活躍ができるようになったら、イタリア料理以外の料理についても相談を受けるようになります。いよいよ「料理研究家」です。

　このように「カルボナーラ研究家」⇒「パスタ料理研究家」⇒「イタリア料理研究家」⇒「料理研究家」の成長カーブをイメージしてください（ずっとカルボナーラ研究家で料理研究家にならなくても可）。

　まず第一歩は、「自己の単純化」です。もう一度、自分に問いかけてください。

　あなたが一番好きで、一生食べ続けて研究しても飽きない食べ物は何ですか？

3つのステップで自分をブランディング化する　②専門化

自身を単純化できたら、次は「専門化」です。これはあなたの経験と理論で、自身を武装していくことです。つまり、自身の価値をブラッシュアップしていくのです。それについてのテクニックを解説していきます。

日本で一番のカルボナーラの専門家を目指す

前項の「単純化」により、あなたは独自の看板を掲げることにしました。次はその看板を磨く作業です。それにはどのようなことが必要でしょうか。

例えば、あなたが「カルボナーラ専門家」と名乗ると決めたとします。

次にやるべきことは、「まずは住んでいる地域」のカルボナーラを制覇することです。その体験談(食べ歩き記)は、新たに作ったカルボナーラ専用のInstagramやブログなどにアップしていきましょう。

カルボナーラについて詳しく書いてある書籍や雑誌は、片っ端から収集してください。あなたの家の本棚は、「カルボナーラ図書館」にするぐらいの勢いで集めてください。

雑誌や新聞などでも「カルボナーラ」に関する記事を見つければ、すかさずファイルすること。絵画用の画用紙 (100円ショップで売っています) を買ってきて、カルボナーラ関連の記事を貼っていくのです。

「しつこい」「くどい」「執拗」という言葉は専門化にとっては誉め言葉です。

とにかくカルボナーラについてなら、何でも答えられるようになってください。そしてカルボナーラについてなら、何時間でも語れるようになってください。

日本で一番のカルボナーラの専門家を目指します。そして誰よりもカルボナーラを好きになってください。「カルボナーラ愛なら誰にも負けない」と豪語できるほど好きになってください。

日々の積み重ねが「●●専門家」となる

専門家とは、専門的な知識と能力のある人のことです。誰が見てもカルボナーラについて専門的な知識を持っている人になってください。細かい数字はすべて暗記して、いつでも口から出るようにしてください。

カルボナーラの専門家としての勉強は一生です。

　最新のカルボナーラの記事や書籍は必ずチェックして、誰にも負けないカルボナーラの知識を身につけてください。そしてカルボナーラを食べ歩いてください。北海道から沖縄まで、美味しいカルボナーラ、特徴的なカルボナーラがあると聞けば、とにかく行って食べて、Instagramやブログで発信してください。

　毎日の地道な努力が一番大切です。日々の積み重ねが「カルボナーラ専門家」としての裏付けとなります。

●専門家になるためのブラッシュアップ術

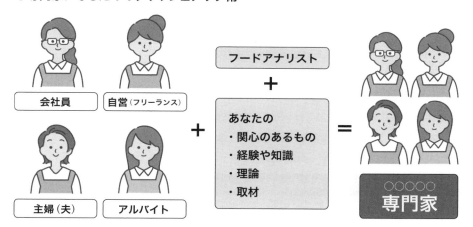

会社員　自営（フリーランス）

主婦（夫）　アルバイト

＋

フードアナリスト

＋

あなたの
・関心のあるもの
・経験や知識
・理論
・取材

＝

○○○○○
専門家

---

 column ｜ **スクラップのオリジナル資料が最強の武器に**

　新聞や雑誌の記事の切り抜きをスクラップして、オリジナルの資料を作りましょう。

①関心や興味のある記事を切り抜き、画用紙帳やスクラップブックに貼る

　大きい記事はスクラップブックの見開きページに貼るか、折りたたんで貼りましょう。のりは全体につけるのでなく、まわりにだけにつけると、しわになりにくいです。

②スクラップ作業をした日と記事の近くに「新聞名」「発行日」を書く

　新聞や雑誌は時事ネタを取り扱うので、情報が古くなる可能性もあります。日時は必ず記載しましょう。

③記事の要約をタイトルとしてつける

　記事の内容にタイトルをつけたり、要約を箇条書きにすると、あとで見直す時に便利です。記事の重要だと思うところにマーカーペンなどで線を引くのも◎。

3つのステップで自分をブランディング化する ③標準化

自らを「単純化」し、理論武装と経験武装で「専門化」しました。自分をブランディング化する最後は「標準化」です。標準化とは「誰もが納得してくれる実績」を上げること。そのために必要なものを、本項では解説していきます。

本を出版することが誰にもわかりやすい「標準化」

　一番わかりやすい標準化は、本を出版することです。もちろん自費出版ではなく、商業出版で本を出すことです。
「あー、あの人は、●●という本を書いた人ですね」
「『日本のカルボナーラベスト20』を書いた人ですね」
　このような標準化が一番わかりやすいですので、日本フードアナリスト協会では、単純化、専門化がある程度進めば（ブログやInstagram、Twitterなどを最低1年以上続ける）、今度は商業出版で本を執筆することをおすすめしています。大手出版社の編集長さんに来てもらって、スカウティング勉強会なども開催しています。

プロフィールに記載できる要素を作る

　ただし、現在は本が売れない時代です。企画を持って行っても、出版社はなかなか本を出版してくれません。本を出すことは1つの目標として、チャンスがあったらいつでも出せるように準備しておきましょう。それまでは、今の自分にできることをやりましょう。

①ブログ、Instagram、Twitterなどでカルボナーラ専門アカウントを作る
　最初にやるべきことは、ブログ、Instagram、Twitter、YouTube、TikTokのいずれか、もしくはすべてで、「カルボナーラ研究家●●の食べ歩き」を配信することです。
　自分の住んでいる地域のカルボナーラはすべて制覇して、都道府県、関東（関西）地方といったふうに地域も広げて行ってください。
　配信は場所や味だけではなく、器やカトラリー、店の雰囲気やスタッフのホスピタリティなども、できるだけ詳しく書いてください。動画ならばさらによいでしょう。
　自らが研究したカルボナーラを中心とした蘊蓄なども配信してみてください。

②フォロワー数、「いいね！」数を常に記録

　ブログ、Instagram、Twitter、YouTube、TikTokなどでは常にフォロワー数と、「いいね！」の数を意識してください。フォロワー数については業者から買っている人もいるほどです。

　実質どれくらいいるのか、フォロワーの質についても確認してください。

　一般にフォロワー数は多ければ多いほどよいとされますが、フォロワー数1万件以上というのが、情報発信をする場合のひとつの目標とされています。1万件に到達しなくても、フォロワーに対しての手厚いフォローやメッセージ、それから重要なのは更新頻度です。できるだけフォロワーが興味を引く内容を、できれば毎日アップするようにしてください。

③雑誌、新聞、テレビ、ラジオ、WEBメディアなどで自分の専門分野を発信

　プロフィールは作るものです。メディアにどれだけ出ているかは大きな武器になります。「●●新聞でコメントしていた人」「テレビの●●という番組でコメントしていた人」というのは大きな信用です。

　標準化とはあなたの専門家としての信用を担保してくれる活動のことだと考えてください。自分が「カルボナーラ研究家」として活動していくと決めたなら、覚悟を持って行動してください。

　まずはカルボナーラ研究家としての名前を売ります。実績を増やします。カルボナーラ関連のことであれば、無料であっても雑誌やラジオ、WEBメディア、新聞にコメント執筆するようにしてください。自分が執筆した雑誌や新聞、WEBメディアは切り抜いて、どんどん自分のポートフォリオ・ノートに貼り付けてください。

④知り合いや友だちに自分の専門分野、やりたいことを伝える

　自分の知り合いや友だちなどの親しい人に「自分はカルボナーラ専門家として活動していきたい」と公表して、事あるごとに主張してください。そしてカルボナーラ専門家としてコメントしたり、主張できる媒体があれば、無料でもやりたいと常にアピールしてください。実はこうした知り合いからの紹介がきっかけで、連続して仕事依頼は来るものです。来た依頼については断らない。そして期待以上の成果を上げることです。

プロフィールは作るもの

ここまで自己のブランディングのやり方について学んできました。「単純化」して「専門化」して「標準化」する。誰でも初めから専門家ではありません。簡単になれる専門家は、すぐに取って代わられる専門家です。

資格取得だけではプロとはいえない

　日本有数の資格である医師免許を取得しても、10年前後の修行期間（研修＋実践訓練）を経て、やっと一人前の医師になることができます。弁護士も同様です。やはり資格を取得してから10年前後は実践訓練です。弁護士登録してすぐに独立する弁護士は少なく、ほとんどは弁護士事務所に所属して、事務所所属の研修中の弁護士としての仕事を覚えます。

　資格は、取得しただけでは役に立ちませんし、活躍もできません。

　フードアナリストも、資格取得してからがスタートです。**プロというのは、一般の人に対して10倍の知識がある人のことをいいます。**専門分野で食べているわけですから、10倍、100倍の知識や経験、ノウハウがあって当然です。

　プロと名乗るのであれば、最新の知識を常に学び続けていなければいけません。伝統や歴史はもちろん、最新のトレンドや知識も詳しく知っていなければいけません。ですから、プロと名乗る以上、毎日が勉強であり、修行です。

　日本フードアナリスト協会では「教育とは一生学び続けることができるシステムである」と考えています。フードアナリストが扱う食の分野は限りなく広く、そして深いものです。食とは命そのものだからです。一生学び続けるだけの質も量もあります。そして一生学び続ける価値があります。食を学ぶことは喜びであり、幸せです。

　フードアナリストは資格取得してから、食の学びを一生続ける資格です。

　フードアナリストとして活躍しようと思ったら、まずは「プロフィールを作る」ことを考えてください。

プロフィールを作るためにすべきこと

　自分の得意分野の専門家と宣言して（「単純化」）、その得意分野の専門知識を身につけます（「専門化」）。専門分野の書籍を読み漁り、店舗や商品を食体験します。

そして専門化と同時に発信を始めます（「標準化」）。ブログやInstagram、YouTubeなどで発信をします（動画はまだ敷居が高い場合は、ブログやInstagramを先行スタートしても構いません）。

毎日、調べながら（学びながら）更新します。フォロワーや、「いいね！」、コメントに対しては丁寧に対応します。

ブログやInstagramの記事がある程度、蓄積されてきたら、いよいよアクション開始です（最低でも100記事は欲しいものです）。

周囲の知り合いに、「カルボナーラについて書かせてほしい」「カルボナーラ関係の話なら何でも書きたい」と頼み続けてください。原稿料は最初はもらわなくて十分です。ある程度名前が売れるまでは、無料で書き続けてください。無料でも掲載していただけるだけでも有難いと思ってください。あなたのブランディングのための宣伝広告費だと思って、無料で書いてください。

掲載された雑誌やWEBメディアは、すべて自らのポートフォリオに貼り付けてください。それがあなたの最大の武器となります。

このようにして、プロフィールは作っていくものなのです。

作るということは、「自ら動いて作りにいく」ということです。受け身では何も始まりません。最初はどんなマイナーなミニコミ誌やタウン誌でも構いません。フードアナリスト協会の会報「サヴァラン」の記事でも構いません。とにかく「プロフィールに書ける」実績を作ってみてください。

●プロフィールの主な項目

項目
名前、ペンネーム
役職・肩書き
出身地
経歴
実績
できること、得意なこと
趣味、好きなこと
SNS、ブログなど

食の資格は「フードアナリスト」だけで十分

ここまでプロフィールを作ることを解説してきました。最後はプロフィールに書く資格や経歴についてです。ただ、あなたの資格や経歴をつらつらと書いても、魅力あるプロフィールにはなりません。ここではプロフィールのまとめ方について解説していきます。

フードアナリストは「消費者サイド」「食べ手側」の唯一の資格

プロフィールは履歴書でも職務経歴書でもありません。食の仕事依頼を、受ける、増やすことがプロフィールを作る目的ですので、食に関係する経歴以外は原則として書きません。

食の仕事をしている人としてのプロフィールを書いてください。意外性としてひと言ぐらいなら、付け加えても可。「本業は植木職人」「普段は小学校教諭」「昼間は内科医として総合病院に勤務」など。

よくズラズラと資格を書く人もいますが、**食のプロフィールならば、資格は「●級フードアナリスト」だけで十分です。**合格率が実質70〜80％以上ある資格をいくら並べてもかえってマイナスイメージとなるだけです（合格率ほぼ100％の食の資格も多くあります）。

簡単な資格や聞いたこともない資格をたくさんプロフィールに書いている人もいますが、「何がやりたいのか」「何の専門家なのか」がわかりません。

フードアナリストは、合格率2級は15％、1級は3％程度です。堂々とフードアナリストだけを書いてください。

「1級フードアナリスト。小籠包を3000店舗食べ歩いた専門家」

「2級フードアナリスト。ジェラードを愛して20年。クラウドファンディングでイタリアまで行った専門家」

このようなプロフィールが理想的です。

フードアナリストは食の資格で、唯一「消費者サイド」「食べ手側」の資格です。日本全国、世界中のレストランや食品を食べ歩いて、比較、分析をするという唯一の食のプロフェッショナルです。自信を持って堂々と名乗ってください。

さらにプロフィールを書くうえで、重要なことがもう1つあります。**プロフィールは書けるスペースいっぱいに書いてください。できるだけ詳しく書いてください。**

履歴書もプロフィールも、最後は「やる気」が見られています。スカスカのプロフィールの人は「やる気」が見えません。できるだけ詳しく、熱意を持ってプロフィールを作ってください。

Chapter 4

第 4 章

プロフィールは
5つのパートに分けて書く

「キャッチフレーズ」を決める

プロフィールとは人物の経歴のことで、名前、経験してきた学業や仕事、身分や地位に関する事柄を表します。しかし、自己紹介文というよりも、自身の「広告」と考えてください。なぜなら、誰かに知ってもらうために書くものだからです。

プロフィール作成のために、まず考えることとは

プロフィール作成の第1のパーツは、「キャッチフレーズ」です。名前の次に書かれるものがキャッチフレーズであり、その専門家の「看板」というべきパーツです。

キャッチフレーズで、プロフィールの7割は決まります。

ひと言で自分を言い表すキャッチフレーズを考えて、見つけてください。

第3章で自分自身を「単純化」することを解説しました。それを言語化し、プロフィールという形で、一番伝わりやすいキャッチフレーズを書きます。

独立して個人で活動する際の名刺にも、「●級フードアナリスト」の横に記載されるのが、このキャッチフレーズです。「この人は、●●の専門なんだな」「●●のことなら、この人に聞いたら何でも答えてくれそうだな」とい

●レストラン・メニュー・食品特化型の例

全国のご当地すき焼きを3000店舗で食べたすき焼きのプロ

世界中の椎茸料理を1000種類食べた椎茸料理専門家

「カルボナーラを食べる旅」が仕事のカルボナーラ研究家

年間365食、クロワッサンを食べるクロワッサンのプロ

毎週3回、7つのデパ地下に行く「デパ地下食文化」の専門家

喫茶店メニューのナポリタン3000食達成！
喫茶店のナポリタン文化研究家

酒粕に魅せられて30年の酒粕料理アレンジ研究家

ホルモンは炙り方が8割！　ホルモン食文化プロフェッショナル

ファストフードのハンバーガー専門家

全国のカレー専門店食べ歩き専門家

●地域特化型の例

宮崎冷や汁エヴァンジェリスト　世界を変える冷や汁研究家

豆腐竹輪と鳥取食文化のプロフェッショナル

「ずんだ」3000種類食べた仙台ずんだ食文化研究家

ジンギスカン3000食を食べた北海道食文化伝道師

東京八王子市の食の名所名物なら何でも研究家

八女茶のことなら何でもエヴァンジェリスト

東京都中央区のレストラン研究家

●食以外の特化型の例

絶景レストラン1000店巡った景色レストラン研究家

全国隈なくエンターテイメントレストラン食べ歩き専門家

「映画の食のシーン」研究15年の映画と食文化研究家

ユーミンの歌詞に出てくる食の研究家

箸の食育プロフェッショナル

うことがわかるキャッチフレーズが求められます。

　料理を作る側には、専門店の料理人さん、老舗食品店の職人さんなど、ライバルは大勢います。野菜や日本酒・ワインの専門家を単に名乗っても、野菜、米や小麦、肉や魚など、農家や畜産家、漁師さんには知識と経験という意味では勝てません。

自分らしい個性の分野・種類を選らぶ

　では、私たちフードアナリストとしては、何を強調してキャッチフレーズとすべきでしょうか。

　それは、私たちは「食べ手側のプロ」「食べ手側の一番」であることです。食べ歩いている、いろいろなお店や食品を比較・検討・分析しているという点は、生産者にはない私たちフードアナリストの強みだからです。「いろいろなお店や商品を比較できる」「ただ単に味や美味しさだけでなく、食文化や歴史なども含めた食文化として愛好している」という点をアピールできる「キャッチフレーズ」を考えてみましょう。

　レストラン・メニュー・食品に特化するなら、自分らしい個性のある分野・種類を選んでください。

　自分が住んでいる（愛着のある理由がある）地域特化型というのも、選択肢の1つです。

　左ページの図表を参考に、あなたしかいないオリジナルの「キャッチフレーズ」を決めてください。

---

 column ┃ **フードアナリスト講座にキャッチフレーズのヒントがある**

　フードアナリストの学習分野は、ほとんどすべての食の分野を網羅しています。

　「食とは命なり」ですので、あらゆる事象がすべて食に繋がっていると考えられてプログラムが作られています。そのため、フードアナリスト（4級〜1級）の教科書の学習分野に、自分の専門分野を選ぶヒントが潜んでいると考えてもよいでしょう。

　食に関連していれば、「江戸時代の江戸庶民の食べ物」でも「平安時代の貴族の食事」でも、九谷焼や信楽焼、カトラリー、映画、味覚、チーズケーキ、漢方や最新フードテック、イスラエル料理など、何でもテーマにすることが可能です。

　「食は命であり、命は食」です。数限りなく個性的なテーマがあります。

　あなたの興味のある食のテーマは必ず見つかるはずです。あなたの一生付き合える食のテーマをぜひ探してみてください。次ページにフードアナリストの学習分野をまとめました。参考にしてください。

●フードアナリスト4級〜1級の学習分野 (フードアナリスト協会パンフレットより)

01 インテリア	
アジアの食器	2級
インテリアとテーブルデザイン	3級
食空間の演出	4級

02 マネジメント	
フードアナリストブランディング論	1級
フードアナリスト教育論	1級
飲食店プロデュース論	1級
マーケティングとレストラン経営	2級
食空間の法律	2級

03 認定・認証	
食の安全性基準	1級
世界の食品認定制度	1級
フードアナリスト概論	1級
格付けの考え方	4級

04 マーケティング	
ミステリーショッパー論	1級
フードアナリストと調査	1級
商品開発論	1級
外食産業論	1級

05 文化	
食文化史	1級
世界の料理店	1級
フードアナリスト観光概論	1級
フードアナリストメディア論	1級
環境食文化論	1級
日本の伝統食文化	2級
有名店の歴史と特徴	2級
食育	3級
食と芸術・文化	3級

日本の伝統と食文化	3級
地球環境と食	3級
食空間の知識と教養	4級

06 サービス	
ホスピタリティ	3級
サービスとテーブルマナー	4級

07 味覚	
食の感覚と表現	1級
味覚と官能検査	1級
美味学	1級

08 コミュニケーション	
フードアナリスト食事作法論	1級
食空間での表現力	2級
中国語	2級
仏語	3級
英語	3級

09 飲料・食品	
日本の飲料・食品メーカー	1級
世界の飲料・食品メーカー	1級
食品調理機能学	1級
中国茶・日本茶・紅茶	2級
日本とアジアの銘酒	2級
アジアの食事情	2級
漢方と薬膳	2級
調味料と香辛料	2級
日本の調理法・調理用語	2級
日本各地の名産品	2級
ワインとチーズ	3級
食と栄養	3級
ヨーロッパ菓子	3級
菓子・パン	4級

オリジナルのプロフィール作成の道②
体言止めで「過去の履歴」を書き出す

キャッチフレーズが決まったら、次に書くのが過去の経歴です。事実を体言止めで、羅列する形にするとよいでしょう。この経歴部分は「あなたが何者なのか」を裏付け、そして主張できるパートだと思って書いてください。

できるだけ具体的に端的に書き出す

　プロフィールの基本は、「絶対に嘘は書いてはいけない」ことです。経歴詐称はたくさんの人に迷惑がかかりますし、信用を失くします。ただし嘘でなければ、ある程度自分のプロフィールに都合よく書くことは認められています。というか、ある程度都合よく書かなければ、プロフィールは作ることはできません。

　例えばあなたが男性で、大学を卒業したあと、大手銀行で外回りの営業をしていたとします。勤務地は東京・吉祥寺。銀行の外回り営業の多くは、取引先の融資についての営業です。お金を借りる時には当然、試算表や収支計画書が必要ですので、書き方のアドバイスなども銀行マンが行います。

　取引先の中には当然、飲食店やレストランも多くあります。

　あなたがカルボナーラ専門家としてのプロフィールを作成するなら、

「1990年、長野県生まれ」

「●●大学商学部卒業後、××銀行に入行。吉祥寺支店に配属。レストラン・食品メーカー中心の零細・中小企業を数多く担当」

　と体言止めで、「食の経歴」としてのプロフィールを書いてください。

　大学名や企業名は、

「●●大学商学部卒業後」⇒「大学卒業後」

「××銀行」⇒「大手銀行に就職」

「吉祥寺支店に配属」⇒「東京近郊都市の支店に配属」

　でもよいですが、できれば具体的に書いたほうが読む人の親近感と信用力が高まります。

　できる限り許される範囲で、具体的に書き出してください。

プロフィールは最初の3行が大切

　自身の経歴をプロフィールにする際には、まずは「実際にこれまでどんな仕事をしてきたのか」と「食についての実績」を体言止めで書き出すことに専念してください。

「レストラン・食品メーカーへの融資助言業務から、フードアナリストに興味」

「出版社に勤務し、食の出版物に関わる中で、フードアナリストに興味」

　といったように本業と食を関連付けて、プロフィールの経歴（体言止め）部分を書きます。

「フードアナリスト資格取得後は、主にイタリアンレストランを歴訪し、カルボナーラを研究」

「2018年にフードアナリスト4級取得」

「法政大学エクステンションセンターのフードアナリスト講座非常勤講師」

「2020年、フードアナリスト1級取得」

「2021年、日本フードアナリスト協会認定講師資格取得」

　あなたが食の仕事をこれまでどのようにやってきたか、やっているかを体言止めで書いてください。

　プロフィールは最初の3行が大切です。インパクトが大きい、インパクトが小さいなどを頭に入れながら、書く順番にも工夫してください。

- - - - - - - -

●プロフィールの経歴を体言止めで書く（例）

　1級フードアナリスト。日本フードアナリスト協会認定講師。

　長野県生まれ。●●大学商学部卒業後、××銀行に入行。吉祥寺支店に配属。その後、首都圏近郊の支店勤務。レストラン・食品企業中心の零細・中小企業を数多く担当。レストラン・食品メーカーへの融資助言業務からフードアナリストに興味。2016年、フードアナリスト4級取得。フードアナリスト資格取得後は、主にイタリアンレストランを歴訪し、カルボナーラを研究。2022年、フードアナリスト1級取得。

- - - - - - - -

オリジナルのプロフィール作成の道③
「過去の履歴」に説明を付け加える

プロフィール作成の次のステップは、簡潔な文章で過去の履歴の注釈と説明を付け加えることです。「体言止めで過去の履歴を書き出す」の項で、ひと言ですませてしまった履歴に、少しだけ詳しく肉付けしていきます。

本業やこれまでの活動を絡めて説明する

　オリジナルのプロフィール作成の道③のパートは、前項の②のパートの注釈や軽い説明を付け加える作業です。なぜ、あなたが「カルボナーラ専門のフードアナリスト」になったかのストーリーを中心に説明します。何も劇的なドラマがなくても大丈夫です。
「3歳のころ、初めてカルボナーラを食べて衝撃を受ける」
「以来、外食ではカルボナーラをファーストチョイスとして30年」
「毎日カルボナーラでも大満足」
　銀行マン時代にいかにカルボナーラと本業で関わったかを書ければプロフィールとしてはさらによいでしょう。
「大学卒業後、配属された大手銀行の吉祥寺支店では、レストラン、食品関係企業を多く担当。担当先のイタリアンレストランの店主やシェフとカルボナーラ談義に花を咲かせる。事業資金の資金繰り等を中心にアドバイスし、運用資金1500万円の融資獲得に成功するなどの成果多数」
　銀行マンですので、取引先に融資するのが仕事です。その自分の本業に、カルボナーラやイタリアンレストランをうまく絡めて、履歴を書いてください。
　カルボナーラ愛を主張できればできるほど、よいプロフィールになります。
　例えば銀行マンであれば、本業である融資をする際に、メニューの話（ABC分析を精査してメニュー改変をするなど）をすることもあります。なんとかカルボナーラに絡めた履歴が書けるように考えてみてください。
　銀行マン時代にカルボナーラとどう付き合ったかを少しだけ誇張も含めて書いてもよいでしょう。
「銀行マン時代の10年間で3000店舗のカルボナーラを食べ歩く」
「朝から晩まで外回りをしている日はお腹が空くので1日5食カルボナーラを食べたことも」
　本業にうまくカルボナーラを絡めることができれば、現在のあなたのカルボナーラ研究活

動について言及してください。

「2019年には北海道から沖縄まで全国47都道府県の主要な都市のカルボナーラ制覇に成功」

「2017年からカルボナーラ専門ブログを開設」

●過去の履歴を説明する（例）

　3歳の時、初めてカルボナーラを食べて衝撃を受ける。以来、外食ではカルボナーラをファーストチョイスとして30年。1日3食カルボナーラでも大満足の超愛好家。朝から晩まで外回りしている日は1日5食カルボナーラを食べることも。

　大学卒業後、配属された大手銀行の吉祥寺支店では、レストラン、食品関係企業を多く担当。担当先のイタリアンレストランの店主やシェフとカルボナーラ談義に花を咲かせ、その知識と食べ歩き量でプロを唸らせる。事業資金の資金繰り等を中心にアドバイスし、運用資金1500万円の融資獲得に成功するなど成果多数。10年間で3000店舗のカルボナーラを食べ歩く。

　2019年には北海道から沖縄まで全国47都道府県の主要な都市のカルボナーラ制覇に成功。

---

 column ｜ **数字を使うと説得力が増す**

　プロフィールなどの自己PRする時には、実績にはなるべく数字を使用しましょう。成果や実績をアピールするのには、数字を使用することで、説得力が生まれ、成果が読む側の相手に伝わりやすくなります。

　具体的に数字を使う場合と使わない場合の例文を比較すると以下のようになります。

●**数字を使用しない例**

「これまでに数多くのカルボナーラを食べ歩く」

●**数字を使用した時の例**

「10年間で3000店舗のカルボナーラを食べ歩く」

　このように数字を使用することでより具体的に成果をイメージできるようになります。これは定量的な評価を同時にすることができるため、読む側に成果が伝わりやすいからです。また、頑張りや努力など目に見えにくいものも、時間や点数、成果などを数字を入れて定量的に説明することで、読む側の相手に頑張り度合いが伝わりやすくなります。

オリジナルのプロフィール作成の道④
簡潔な文章で「現在と未来」について書く

「過去の履歴に説明を付け加える」の部分では、主に過去、あなたがどのようなことをやってきたか、履歴を書くパートでした。次は、②と③の履歴を受けて、「現在、あなたはどのような活動をしているか」を書いていきます。

現在の活動内容はプロフィールの心臓部

「現在、あなたはどのような活動をしているか」の部分が、プロフィールの心臓部とも呼ぶべきパートです。 ここでは、

「現在は、Instagram、Twitter、Facebook、ブログを中心に、カルボナーラの食べ歩き記や蘊蓄、雑学などについて発信」

「2017年よりカルボナーラ専門Instagram『カルボナーラ春秋』を執筆・運営」

「2021年●月●日の××テレビの番組『めざましテレビ』にて、進化系カルボナーラを扱うニュースのコメンテーターとして録画出演」

（※テレビ出演、雑誌や新聞、メディア掲載については、より具体的に書いてください）

「カルボナーラを通じて日本と世界を元気にする活動に尽力している。」

「たかがカルボナーラ、されどカルボナーラ。カルボナーラの多様さ、奥深さ、素晴らしさの啓蒙活動をライフワークとしている」

このように具体的に内容を書いてください。このプロフィールの④の部分を作成する際に便利な慣用句がいくつかありますので、参考までに次ページに挙げておきます。

●簡潔な文章で現在と未来について書く（例）

現在は、Instagram、Twitter、Facebook、ブログを中心にカルボナーラの食べ歩き記や蘊蓄、雑学などについて発信。2017年よりカルボナーラ専門Instagram「カルボナーラ春秋」を執筆・運営。2021年●月●日の××テレビ「めざましテレビ」にて、進化系カルボナーラを扱うニュースのコメンテーターとして録画出演するなどメディア出演、執筆多数。カルボナーラを通じて日本と世界を元気にする活動に尽力している。

たかがカルボナーラ、されどカルボナーラ。カルボナーラの多様さ、奥深さ、素晴らしさの啓蒙活動をライフワークとしている。

●プロフィール作成に役立つ慣用句（例）

○○と○○の融合	もしもあなたが自動車販売の会社の営業マンならば、「ロングドライブと並んででも食べたいラーメン店の融合」
	もしもあなたが小学校の教師だったら、「カルボナーラと子どもの食育の融合」
今まで例を見ない、過去にない	カルボナーラに一番フィットするブラックペッパーの過去にない（今までに例を見ない）研究
コラボレーションによる（化学反応を起こし）	フランス料理と鳥取県に400年続く伝統郷土料理である豆腐竹輪のコラボレーション
	カルボナーラを中心としたイタリア食文化と萩焼の伝統工芸の美しさが化学反応を起こし
新しい可能性に挑戦を続けている	カルボナーラの新しい可能性に挑戦を続けている
新しいフィールドに向けてのチャレンジを続けている	カルボナーラと子どもの食育の融合の新しいフィールドに向けてチャレンジを続けている
○○の感性を持った○○の専門家として	ネイリストの感性を持ったカルボナーラの専門家として
	不動産ウーマンの感性を持ったカルボナーラの専門家として
後進に勇気と感動を与え続けている	カルボナーラに特化したフードアナリストして、後進に勇気と感動を与え続けている。
○○の分野においても、めざましい活躍を見せている	カルボナーラ食文化を中心とした子どもの食育の分野においても、めざましい活躍を見せている
食の情報の専門家フードアナリストとして	食の情報、特にカルボナーラの情報の専門家フードアナリストとして
○○の講演実績を誇る	カルボナーラを中心とした食文化においては、過去7回の講演実績を誇る
	世田谷区●●小学校をはじめ、3つの小学校での講演実績を誇る
●●料理を中心とした食文化の啓蒙・発信の一翼を担っている	カルボナーラを中心とした食文化の啓蒙・発信の一翼を担っている
●●の●●の分野における●●において、高い評価を得続けている	静岡県内の静岡おでんの分野における特徴を捉えた比較紹介において、高い評価を得続けている
●●の●●に各方面から多くの絶賛の声をいただいている（賞賛の声多数）	カルボナーラについての適格な論評については、業界だけでなくメディアなど各方面から多くの絶賛の声をいただいている

オリジナルのプロフィール作成の道⑤
体言止めで「実績」を語る

プロフィール作成の最後は「実績」のパートです。あなたが今まで積み上げてきた実績を、客観的に淡々と書いてください。著者としての出版物、雑誌や新聞などの署名原稿やインタビュー、テレビ・ラジオなどの出演、講演やセミナーなどの活動についてです。

過去の実績を固有名詞で具体的に書く

プロフィール5つのパートの中で一番見られるのが、「実績」のパートです。

「この人はこんな実績があるんだ」「こんなことをやってきた人だから安心だ」と思っていただくための重要なパートです。

最大の実績、そしてブランディングは商業出版で本を執筆することですので、本を出したことがある人は必ず書いてください。関係論文やメディア掲載実績、テレビやラジオ、WEBメディアへの出演なども、できるだけ詳しく記述しましょう。いつ出演したのか、どのような内容だったのかも簡潔に入れたほうが、プロフィールの信用力が増します。

さらに現在、食関連の肩書を列記してください。

・日本フードアナリスト協会広報委員

・●●調理製菓専門学校教育編成委員

・●●大学エクステンションセンター　フードアナリスト講座非常勤講師

●プロフィールの実績例

×	テレビ△△の番組に出演
○	テレビ△△の番組「●●●●●●」で、進化系カルボナーラについて録画コメント出演（2020年●月●日）
×	雑誌に執筆・寄稿
○	グルメ情報誌「●●●●●●●」にカルボナーラ研究家として進化系カルボナーラを解説（2019年6月号）
×	●●新聞に連載の経験あり
○	●●新聞にコラム「カルボナーラ日和」毎週月曜日連載2019年6月〜2020年5月）
×	多くの著者を出版
○	著書に『カルボナーラは地球を救う』（●●出版社刊・2021年）がある

列記したプロフィールを確認して整える

最後にもう一度、あなただけのプロフィールを書く際の確認です。

☑学歴、経歴は正直に

嘘のプロフィールは絶対ダメです！　嘘は必ずバレます。

×　高卒→東京大学法学部卒（学歴・経歴詐称）

× 持ってない資格を書く（4級フードアナリスト→1級フードアナリスト）

× 実態のないことを書く

☑生涯をかけて研究するジャンルを1つ見つける

そのジャンルにおける実際の活動、研究会などに参加。

☑必ずきちんとした「実績を積み上げていく」ことを続ける

ことわざ「ローマは1日にしてならず」です。日々の研鑽・努力が大切です。

☑できれば本（商業出版）を1冊出す

ネットメディアに押され気味ですが、それでも商業出版で紙の本を出すことは最大の自己ブランディングです。「●●出版（できれば大手出版社）から、『●●●●』（本の名前）を出しています」という信用力は抜群です。

上記を大前提として、はじめての食の専門家（に見える）プロフィールを書くテクニックを使ってプロフィールを書いてみましょう。

●プロフィールの具体例

●●●●●（名前）　1級フードアナリスト®（カルボナーラ情報の専門家）

①キャッチフレーズ
「3000店舗食べ歩いたカルボナーラ研究家」

②過去の履歴（体言止め）
1級フードアナリスト。日本フードアナリスト協会認定講師。長野県生まれ。●●大学商学部卒業後、××銀行に就職。吉祥寺支店配属。その後、首都圏近郊の支店勤務。レストラン・食品企業中心の零細・中小企業を多く担当。レストラン・食品メーカーへの融資助言業務からフードアナリストに興味。2016年、フードアナリスト4級取得。フードアナリスト資格取得後は、主にイタリアンレストランを歴訪し、カルボナーラを研究。2022年、フードアナリスト1級取得。

③過去の履歴（簡潔な文章①）
3歳の時、初めてカルボナーラを食べて衝撃を受ける。以来、外食ではカルボナーラをチョイスして30年。1日3食カルボナーラでも大満足の超愛好家。朝から晩まで外回りしている日は1日5食カルボナーラを食べることも。大学卒業後、配属された大手銀行の吉祥寺支店では、レストラン、食品関係企業を多く担当。担当先のイタリアンレストランの店主やシェフとカルボナーラ談義に花を咲かせ、その知識と食べ歩き量でプロを唸らせる。事業資金の資金繰り等を中心にアドバイスし、運用資金1500万円の融資獲得に成功するなど成果多数。10年間で3000店舗のカルボナーラを食べ歩く。2019年には北海道から沖縄まで全国47都道府県の主要都市の有名カルボナーラ制覇に成功。

④現在と未来について（簡潔な文章②）
　現在は、Imstagram、Twitter、Facebook、ブログを中心にカルボナーラの食べ歩き記や蘊蓄、雑学などについて発信。2017年よりカルボナーラ専門Instagram『カルボナーラ春秋』を執筆・運営。2021年●月●日のフジテレビ『めざましテレビ』にて進化系カルボナーラを扱うニュースのコメンテーターとして録画出演するなどメディア出演、執筆多数。カルボナーラを通じて日本と世界を元気にする活動に尽力している。たかがカルボナーラ、されどカルボナーラ。カルボナーラの多様さ、奥深さ、素晴らしさの啓蒙活動をライフワークとしている。

⑤実績（体言止め）
テレビ朝日『●●●●●●』で進化系カルボナーラについて録画コメント出演（2020年●月●日）。
グルメ情報誌『●●●●●●』にカルボナーラ研究家として進化系カルボナーラを解説（2019年6月号）。
●●新聞にコラム『カルボナーラ日和』（2019年6月～2020年5月、毎週月曜日連載）。
著書に『カルボナーラは地球を救う』（●●出版社刊、2021年）。
（社）日本フードアナリスト®協会広報委員。
●●調理製菓専門学校教育編成委員。
●●大学エクステンションセンター フードアナリスト講座非常勤講師。

Chapter 5

第 5 章

伝わるプレスリリースの
書き方

プレスリリースを書く前に知っておくべきこと

1章〜4章まではフードアナリストの仕事や個人の活動のための準備を解説してきました。これからはフードアナリストの仕事の中身についてです。まずはフードアナリストとして「プレスリリース」を書くことについて学びましょう。

プレスリリースは最新の情報を提供する「公式文書」

フードアナリストは食をニュースにして発信するプロフェッショナルです。 フードアナリスト3級では、「プレスリリース」を作成する基本を学びます。この章は「プレスリリースの書き方」について学んでいきましょう。

プレスリリースは企業が「広報活動」をする時に使うツールです。

プレスリリースとは、英語では「Press Release」と綴り、企業がテレビ局、ラジオ局、新聞社、ミニコミ誌、雑誌社、WEBニュースサイト運営社などのメディアに対し、自社の新製品や新サービス、イベント開催などの最新の情報を提供する「公式文書」です。

その内容はキャンペーン情報、新商品の発売や新サービス、新規事業の開始、あるいは経営・人事などが対象となります。自社の発信する情報をメディア（新聞、雑誌、テレビ、ラジオ、WEBメディアなど）の記者がニュース素材として、利用しやすいように、文書や資料としてまとめなければいけません。

以前、プレスリリースというものは、多くは新聞社向けに提供する文書を指していました。最近では、WEB媒体を中心としたプレスリリース配信サービスを利用する企業も増えています。また自社サイトへプレスリリースを掲載することで、直接消費者にアプローチするようになってきましたので、「ニュースリリース」という言い方をすることもあります。本来は、プレスリリース＝メディアの記者向け、ニュースリリース＝一般消費者向けとされています。

プレスリリースに求められる「第三者の視点」

メディアは企業からのプレスリリースを元に、テレビ、ラジオ、新聞、ミニコミ誌、雑誌、WEBニュースサイトにニュースとして取り上げます。それぞれのメディアが一般消費者に対し、広く情報発信をしています。つまり、プレスリリースはニュースの素材（ネタ）ともいえるのです。もちろんニュースというものは、ニュース性が大切です。プレスリリースの内容も、

ニュース性のある内容でなければなりません。

　プレスリリースを配信することは、自社の伝えたいニュースをメディアを通じて多くの人々に伝えることができる重要な広報活動の手段です。

　プレスリリースの特徴は、メディアに一次情報を提供し、「第三者の視点」で報道・記事として発信されることです。もちろん企業が自社のニュース素材を発信するわけですから宣伝・広告的な意味合いはありますが、プレスリリースを作成する時はできるだけ「第三者の視点」で書くことが求められます。なぜなら、読者や視聴者からの認知と社会的信頼性を獲得することが目的のため、プレスリリースには客観的な内容が求められるからです。

プレスリリースは広報活動

　プレスリリース作成は広告ではありません。広報活動です。では、広告と広報とは何が違うのでしょうか。これが理解できないと、せっかく作成したプレスリリースも、メディアに取り上げてもらうことは難しいでしょう。

　プレスリリースは、過去に関係があるメディアへ送付するほか、記者クラブへの配布（投げ込み）、自社HPやメルマガによって発信します。最近ではプレスリリース配信代行サービスを利用して配布するケースも増えています。

●広告と広報の違い

	広告	広報
媒体	CM、広告枠	プレスリリース
料金	広告媒体の枠を買うので有料	基本的に無料
目的	商品を売り込む	ニュース
内容	商品、サービス、企業	新商品、新サービス、キャンペーンなど
情報の鮮度	何度同じでも可	新しいニュースを1回だけ
受け手側から見て	情報の押し付け感あり	記者によるニュース
印象	主観的、一方的	客観的
信用度	低い、信用できない	高い、信用できる
影響	小さい	やり方によっては大きい

プレスリリース配信代行サービスは、メディアへメール・FAXでプレスリリースを送付するとともに、WEBサイトへの掲載、ポータルサイトやニュースサイトなどへの転載、SNSへの投稿などを一括で行ってくれるので便利です。

前述したように、広報活動と広告活動は違います。

「広告」とは、新聞、雑誌、WEB媒体などのメディアの枠を自社で買い、自社の商品やサービスの宣伝を行うことです。

売れている雑誌や新聞では、1ページで数百万円など多額の費用がかかる場合もあります。テレビのCM広告も15秒の枠を3カ月間の1クールで数千万円から数億円という話も珍し

●主なメディアの値段 (参考値)

媒体	リーチ数	コスト目安	絞込み	到達率	特徴
全国紙 (5大紙)	読売776万部、朝日521万部、毎日230万部、日経221万部、産経134部	数十万円〜3000万円(全面15段広告)	地域、紙面	20%〜50%	5大紙は最も権威ある媒体。高齢者中心に影響力
地方新聞	数十万人〜数百万人	20万円〜300万円	地域、紙面	20%〜50%	権威ある媒体。高齢者中心に影響力
一般雑誌 (全国)	数万部〜300万部	100万円〜400万円(1ページ)	雑誌の専門分野	専門性による	雑誌の専門性によって読者層を絞り込むことが可能
フリーペーパー	数万部〜数百万部	数万円〜数百万円	専門性、地域	媒体による	地域性に特徴。媒体の専門性によって絞り込むことが可能
ラジオ (有名局)	数百人〜数十万人	数万円〜100万円(20秒×30回／都道府県の場合	専門性、パーソナリティ、地域	番組による	50代以降、ドライバーに聴取率高し。ローカルCMでは穴場
テレビCM (全国)	1200万人 (視聴率10%仮定)	3000万円〜数億円(15秒×30回)制作料別	時間帯、番組名	番組による	企業のイメージアップ、認知度アップに最適とされる
テレビCM (地方)	数万人から数十万人 (視聴率5%仮定)	50万円〜150万円(15秒×30回)制作料別	時間帯、番組名	番組による	ローカル色の強いCMには根強いファンが多い
インフルエンサーによる広告	数千人〜数百万人	数千円〜数百万円	投稿者のキャラ	専門性、キャラ	高度なターゲットを絞り込むことが可能。10代〜40代ターゲット
SNSに広告出稿 (Instagram、Twitterを仮定)	数千人〜数百万人	数千円〜数百万円	読者を細かくターゲティング可能	専門性、地域を細かく設定できる。	高度なターゲットを絞り込むことが可能。10代〜40代ターゲット

くありません。

こうした広告費が発生しているため、基本的には自社で内容を決められる主導権を持っているのも特徴です。宣伝する内容をコントロールできるのが、メリットといえるでしょう。

対して「広報」は、「PR」とも呼ばれる企業活動です。PRとは、Public Relations（パブリック・リレーションズ）の略です。Public（一般大衆）とRelations（関係）を構築することです。

広報活動の最大の目的は、テレビやラジオ、新聞や雑誌で紹介してもらうこと。フードアナリストは「社外広報担当者」として、「ニュースとして取り上げられやすい商品開発」と「プレスリリース」を担う場合が多いですが、仕事として広報活動をする場合は、必ず成果測定が必要です。成果測定をする場合の主なメディアの値段（参考値）を表にまとめてみました。ご参考ください。

フードアナリストの主戦場は「広報」

広報活動には公共性や社会性が必要となります。自社と社会をつなぐための活動的な意味合いが大きいのが広報活動です。社会にとっても価値ある情報を発信・提供することが大切です。単なる宣伝ではありません。自社の活動や製品の理解度や信頼度の向上を目指すのがプレスリリースです。広告に比べて、より社会性に配慮しなければ、メディアに相手にしてもらえません。商品や商材を売り込むだけが目的の広告とはまったく違いますので注意が必要です。

プレスリリースで多くのメディア関係者に届くメッセージを打ち出すことができると、広告費をほとんどかけなくてもメディアから取材依頼が来ます。メディアが「そのプレスリリースは価値あるニュースである」と捉えてくれるからです。

一方で、広報は広告とは違い、お金をかけたから必ず成果を出せるわけではないという難しさがあります。また、基本的にメディア主導となるので、どのように掲載されるかを自社でコントロールすることは難しくなります。

フードアナリストの主戦場は「広報」です。食品メーカーの広告部で活躍しているフードアナリストもいますが、「広報」活動こそがフードアナリストの専門性を最大限に生かす場所といえます。

プレスリリースの書き方のルール

プレスリリースの意味や意義が理解できましたら、次はプレスリリースを実際に書いてみましょう。その際に守るべきルールがあります。プレスリリースはメディアを通して、多くの人に知れ渡るための「タネ」です。そのタネとして欠かせないものは何でしょうか。

プレスリリースの基本は「誠実さ」

若干、我田引水（がでんいんすい）であっても許される広告と比べて、広報活動には社会性が求められます。そのため、ハッタリや誇大表現は厳禁です。また、曖昧（あいまい）な表現も避けてください。「ほぼ日本一といえます」「新潟県では初めてだと思われます」の表現にあるような、「ほぼ」や「思

われます」ではなく、正確に調査してから発表します。

プレスリリースは誠実、正直、誠実でなければ、メディアは取り上げてくれません。

リリースを作る時に、「世界一」「日本初」「業界ナンバーワン」といった言葉はインパクトがありますので、もちろん本当ならば素晴らしいですが、主観的に、一方的に使用してしまっ

用語解説 CSR

Corporate Social Responsibilityの略で、「企業の社会的責任」と訳されます。従業員の労働面での人権保護、地球環境や地域社会など、多様なステークホルダー（利害関係者）に配慮した経営を意味します。企業は利益だけを求めるのではなく、社会の一員として、社会の維持・発展していくことに責任を持つ必要があります。CSRは企業の信頼構築、競争力を向上させるほか、株価の上昇にも影響を与えます。国際的なガイドラインとしては、2011年11月に国際規格ISO26000が発効され、「企業統治」「人権」「労働慣行」「環境」「公正な事業慣行」「消費者に関する課題」「コミュニティおよび開発」の7つが中核主題が掲げられています。

てはプレスリリース自体が台無しになってしまいます。

プレスリリースには一切、嘘があってはいけません。プレスリリースは、メディア向けの「公式文書」の意味合いのあるものです。企業の代表取締役の名前で責任を持って発行する文書です。プレスリリースに虚偽があると、虚偽記載だけでなく、CSR（社会的責任）を追及される可能性まであります。

プレスリリースの基本は「誠実さ」です。

誠実に、真面目に丁寧に、客観的な事実を記載してください。この基本を守ったうえで、メディアのみなさまにニュースとして取り上げてもらうような戦略を練ることが大切です。

プレスリリースの容量は「ワンベスト」「ツーベター」

プレスリリースの世界には、「ワンベスト」「ツーベター」という言葉があります。

プレスリリースの分量の目安ですが、ベストはA4判が1枚。これを「ワンベスト」と呼んでいます。情報量が多く、どうしても1枚では伝えきれない場合でも2枚までに収めたほうがよい。その意味で「ツーベター」（2枚ならまあいいか、ぐらいの意味）です。

Wordのソフトで、A4判に10.5フォントの文字の大きさでベタ打ちすれば大体1200文字になります。400文字の原稿用紙で3枚です。スペースなどを考えて、文章は800文字から1000文字程度に抑えることができれば、A4判の1枚に収まります。

これで「ワンベスト」。「ツーベター」はその2倍だと考えてください。

私たちが作成するプレスリリースを読んでいただくメディア関係者は、ただでさえ通常業務で忙しい人ばかりです。長文のプレスリリースを送りつけてもなかなか読んでもらえないと考えたほうがいいでしょう。

ですから、「ワンベスト」「ツーベター」です。

できるだけ文章の無駄を省いて、簡潔、明瞭、短く、そして情熱を持って書きましょう。

また、メディア関係者の目に止まるようなニュース性やそれに伴うタイトル付け、写真・図版などのビジュアル、追加の取材や問い合わせの対応方法などをプレスリリースに盛り込まなければいけません。

次項よりプレスリリースの書き方を解説していきます。

プレスリリースを構成する10の要素

プレスリリースは広報活動レターですが、書式には暗黙のルールがあります。ここではプレスリリースを構成する10の項目を紹介します。そのまま順にまとめていけば、プレスリリースは完成するでしょう。

活用しやすいプレスリリースを心がける

　メディア関係者はプレスリリースを見て、原稿を書いたり、まとめたりしてメディアへ掲載していきます。そのため、プレスリリースに不備があると、それだけで掲載を見送ることになりかねません。巷には毎日大量のプレスリリースが発行されています。そのため、わざわざ問い合わせて確認するなど時間を割くよりは、他のプレスリリースを活用するほうを選ぶのは必然です。そのため、プレスリリースはそれのみで完結し、不備のないようにしなければいけません。

　最近ではWEB上でプレスリリースを配信してくれる会社も増えています。そうしたプレスリリース配信会社を使う場合は、各配信会社のテンプレートに従って作成してください。

　ここでは通常の「ワンベスト」（A4判1枚）を想定したプレスリリースの各パートについて説明していきます。各業界や新聞社の記者クラブのポストに投函する、FAXで送る、メールで送信するの3つをイメージした、最も基本的なプレスリリースの書き方を紹介します。

●プレスリリースを構成する10のパート

①レターヘッド（リリース発信企業のロゴ）
②クレジット（リリース発信元、社名、所在地、電話・FAX）
③発信日
④リリース2次使用許可
⑤タイトル（カテゴリー、見出し）
⑥本文（1000文字弱）
⑦写真や図表
⑧会社概要（代表者名、設立年月日、資本金、業務内容）
⑨レファレンス（正式な社名、部署、名前、電話、FAX、メールアドレス、URL）
⑩ダウンロード（写真や図表のダウンロードURL）

●プレスリリースの10のパート

❶レターヘッド

食の情報の専門家
一般社団法人
日本フードアナリスト協会
Japan Food Analyst Association

❷クレジット

発信元：日本フードアナリスト協会
〒102-0083 東京都千代田区麹町3-12-11
麹町田村ビル2階
TEL 03-3265-0518　FAX 03-3265-0519

❸発信日

❺タイトル

❹リリース二次使用許可

❼写真や図表

❻本文

❽会社概要

1. 代表者　　横井裕之
2. 設立　　　2005年8月21日
3. 資本金
4. 業務内容

会社名、所在地、TEL、FAXは
本資料右上に記載してあります。

❾レファレンス

この件に関するお問合せ先

日本フードアナリスト協会の○○○○までお願いいたします。
TEL 03-3265-0518　FAX 03-3265-0519　E-mail
http://www.foodanalyst.p にUPされております。

●上記写真は○○からダウンロードできます。

❿ダウンロードURL

レターヘッド

プレスリリースの最初に入れるのが「レターヘッド」の部分です。

通常は、会社のロゴマークと会社名を、A4判であれば左上に貼り付けます。会社名だけでなく、できれば会社ロゴマークと一緒に貼り付けてください。あなたが発信したいプレスリリースの飲食店や商品名をまずブランディング化したい場合は、飲食店名や商品名でも構いません。

ロゴマークと会社名を入れることで、メディアの方から見てひと目でどこの会社(飲食店、食品メーカー)からきたプレスリリースなのかをわかるようにします。

クレジット

クレジットとは「信用、信頼」という意味ですが、プレスリリースにおけるクレジットとは「どこの会社がこのプレスリリースを発信しているかを明確にする」という意味があります。プレスリリースの文責者、責任者です。

発信元：●●●●株式会社

〒102-●●●●　東京都千代田区●●町1-2-3

Tel：03-●●●●-●●●●　FAX：03-●●●●-●●●●

といった型式で記載します。

クレジットはレターヘッド(会社ロゴと会社名)の右側に入れるのが基本です。

発信日

プレスリリースは、「いつ」に発信したかも大切な要素です。

プレスリリースを発信した日はしっかりと正確に記載してください。

発信日の西暦や日付は案外記載ミスをすることが多く、あとから指摘されるものです。「そんな簡単なこと、間違えるはずがない」と心に隙ができるからです。

プレスリリースを一度出してしまってからでは、訂正は煩瑣になります。発信年月日が間違っていないかどうか、ミスがないかどうかを配信前に確認しましょう。

プレスリリースを構成する要素④　リリース2次使用許可

　ここに記載するのは、リリース2次使用許可の文です。

　具体的には「このプレスリリースの内容について転載・2次使用は自由です」と入れます。プレスリリースは、元々がプレス（新聞社などのメディア）に2次掲載していただくことを目的として作られたものですので、2次使用されて当たり前ですが、念のために入れておく文言です。使用許可を明言しておいたほうが、2次利用や掲載する側も安心感があります。

プレスリリースを構成する要素⑤　タイトル

　プレスリリースの一番大切なパートは、間違いなく「タイトル」です。タイトル次第でメディアにニュースとして掲載してもらえるかどうかが決まるといっても過言ではありません。プレスリリース作成の際は一番気を使って考えを巡らすパートです。

　テレビキー局や5大新聞をはじめとする有名メディアには、1日に数百通ものプレスリリースが届きます。膨大なプレスリリースの中から、メディア関係者の目に止まり、記事や番組で取り上げてもらうには、まずはタイトルです。

　知り合いのキー局テレビ局の情報番組の担当者は、ほとんどのプレスリリースは「タイトル」だけしか眼を通さないといっている人もいます。

　プレスリリース作成する側は、一番に注力するパートは間違いなく「タイトル」です。

　食のプレスリリースを書く場合、9つの食の情報（①安全情報、②栄養情報、③新商品情報、④うまいもの情報、⑤鮮度情報、⑥調理情報、⑦味覚情報、⑧旬情報、⑨食材情報）や、新しいサービス、キャンペーン情報などのニュース素材から、8つのニュース性（①人間性、②新奇性、③国際性、④地域性、⑤記録性、⑥普遍性、⑦影響性、⑧社会性）に関連付けて作成します。

　プレスリリースのタイトルを考える場合、以下のタイトルの付け方に注意しましょう。

●タイトル・サブタイトルの付け方

ポイント①　そのまま新聞や雑誌のタイトルになるようなタイトルを考える

　もしも、あなたが5大新聞（読売、朝日、毎日、日経、産経）の記者であったら、どんなタイトルをつけて記事にするかを考えてください。文言そのままが記事になるようなタイトルが好ましいです。ただ単に新奇であるとか、面白いだけではテレビや5大新聞など一流メディアで

は記事にしてくれません。有名で権威があるメディアであればあるほど、社会の公器としての役割がありますので、社会性、影響性がニュースになければ、なかなか取り上げてくれません。

ポイント② タイトル（主タイトル・見出し）だけでなくサブタイトルも

タイトル（主タイトル・見出し）の下にサブタイトルを入れます。タイトル（主タイトル・見出し）との相乗効果でインパクトを与えられるサブタイトルを考えます。

ポイント③ 伝えたいことを1つだけに絞る

内容を的確・適切にまとめて、アピールすることを1つに絞ることも、タイトルをつけるうえでは大切なポイントです。例を挙げながら考えてみましょう。

〈例〉カルボナーラ専門のイタリアンレストランがオープンしました。

A．希少な国産小麦粉「因幡わかさ小麦粉」を使ったパスタを提供している首都圏では唯一のカルボナーラ

B．卵は熊本県の横井鶏卵株式会社の鶏卵作りの名人・横井裕之氏が丹精込めて作った「奇跡のたまご」を使用している東日本唯一のカルボナーラ

C．フランス・リヨンにあるヨーロッパ最高の呼び声高いイタリアンレストラン「YOKOI」で修行12年、日本人として初めてグランシェフになった横井裕之シェフの奇跡ののスペシャリテであるカルボナーラ

D．卵5種類、ミルク2種類、生クリーム3種類、チーズ5種類を選べる。麺の硬さ10段階、ソースの濃厚さ10段階を選べる日本唯一のカルボナーラ専門店

上記4つの特徴があったとします。Aの小麦粉のクオリティなのか、Bの卵なのか、Cの料理人なのか、Dの選べるところなのか。タイトルを作る時は、1つに絞って作成します。

これだけ特徴ある情報のある店舗は珍しいですが、あくまでも例として考えてみましょう。

1つのことを伝えるだけでも難しいのに、4つの情報を1つのプレスリリースにするのは無理が生じます。この4つの情報の中でどれを選ぶかについては、発信する地域や媒体の専門性などによって変わってきます。私ならば、Dの「日本唯一のカルボナーラ専門店」というところに焦点を当ててプレスリリースを作ります。

ポイント④　時流に乗った流行語、表現を入れる

SDGs、ニューノーマル、脱炭素、ドローン、AI、萌え断、LGBTQなど、時代の最先端、流行、トレンドワードや表現は検索にかかりやすく話題になりやすいですので、できる限り使用したいものです。その季節での旬の言葉、地方のお祭り、環境に関するテーマなど。SNSで発信する場合、「#●●」となる語句を意識します。

ポイント⑤　「一番」「最上級」などキーワードとなる表現

「世界一の」「世界最大級の」「世界最大クラス」「過去最高の水準」「過去最大規模」「飲食業界では画期的な」「埼玉県では初の」などキーワードやパワーワードになる表現を入れると、メディアが取り上げてくれやすくなります。

プレスリリースを構成する要素⑥　本文

本文のパートは750文字から1000文字程度にまとめます。

●プレスリリースにおける「5W 5H」とは

5W	①「Who」誰が	何という会社（何という代表者）のどこの支店（部署）が
	②「What」何を	何という商品（メニュー、サービスなど）を、何という名前の店を
	③「When」いつ	商品（メニュー、サービス、店舗、キャンペーン）を発売（始める）はいつか
	④「Where」どこで	商品（メニュー、サービス、店舗、キャンペーン）を実施する場所はどこなのか。ネット通販ならばその旨も含めて
	⑤「Why」なぜ	商品（メニュー、サービス、店舗、キャンペーン）を実施する理由について
5H	①「How」どのような方法で	どのような方法でその商品（メニュー、サービス、店舗、キャンペーン）が提供されるのか
	②「How much」いくら（お金）	価格はいくらで提供するのか。売上目標はいくらなのか。利益予想をどれぐらいに想定しているのかなど
	③「How many」どれくらいの数量	販売目標、来店人数、生産数量など
	④「How long」いつ・いつから、いつまでに	期間限定商品（メニュー、キャンペーン）であれば、いつからいつまでの期間
	⑤「How in future」将来	今後の展開への展望、今後の経営方針、将来ビジョンなど

本文ではわかりやすいストーリーで、伝えたいことから順番に書いていきます。段落に分けて、背景、経緯、特徴や差別化ポイントなどを、「5W5H」にて記述します。

A. その店舗、メニュー、商品を開発した客観的な時代背景

B. 開発にいたった経緯（どのような苦労があったのか）

C. 商品の特徴

D. 他社商品との差別化ポイント

E. 今後の見通し

この5つのポイントについて書いていきます。

プレスリリースを構成する要素⑦ 写真・図表

写真だけでなく、絵、図表、グラフなどがあれば貼り込みます。文字だけでなく、写真、絵、図表、グラフがあったほうがわかりやすく読みやすくなります。

プレスリリースを構成する要素⑧ 会社概要

会社概要について簡潔に書きます。代表者名、設立年月日、資本金、業務内容など。業務内容については簡潔に。興味を持ったメディア担当者は必ずHPなどで調べますので詳しく書かなくてもよいでしょう。

プレスリリースを構成する要素⑨ レファレンス

レファレンス（reference）とは、英語で「参考」「参照」の意味。プレスリリースにおけるレファレンス欄には、正確な社名、担当部署名、担当者名、電話番号、FAX番号、メールアドレス、URLを間違えないように記載します。

プレスリリースを構成する要素⑩ ダウンロード

商品や店舗の写真、図表などのダウンロードURLを記載します。

プレスリリースは「伝えたか、伝えなかったか」「正しいか、間違っているか」より「伝えることができたか、伝えることができなかったか」が問題です。こちらが伝えたいことを伝えることができなければ意味がありません。伝わるプレスリリースを書くように心がけましょう。

第6章

食のコンテストの
審査員になる！

コンテストやAWARDの種類と現状

フードアナリスト3級の資格者となると、食品コンテスト、酒類の審査会、料理人MVPコンテストやメニューコンテストなどの審査員を依頼されることも増えてきます。私自身も多くの食のコンテストの審査員をさせていただいています。

日本国内で多く開催されている食関連のコンテスト

フードアナリストは食を俯瞰的に見ることができる唯一の資格ということもあり、多くの人が食の審査員を依頼されます。審査員には、その道数十年の食の専門家（料理人や職人）も必要ですが、そうした方々だけが審査をすると、どうしても一定の技術に偏ってしまう可能性があります。

客観性とは多様性であり、俯瞰性です。

食を俯瞰的に総合的に見ることができる審査員は、公平性や中立性、客観性も担保します。

フードアナリストの資格を持って審査員の研修を受けた人は、食の審査員としては最も適性があると考えられますので、ぜひ、食の審査員に挑戦してみてください。

特に食品・飲料に特化したコンテストについては、「ジャパン・フード・セレクション」という審査・認証制度を当協会（日本フードアナリスト協会）が実施しています。食品・飲料専門という意味では世界唯一といえるものです。ジャパン・フード・セレクションでは、審査員のクオリティも特に重要だと考え、日本フードアナリスト協会として啓蒙・育成活動を行っています。

具体的には、審査員になるフードアナリスト資格者に対して、研修会を随時実施しているのと、月に1回は必ず商品開発研究会（ジャパン・フード・セレクションの最終審査員になるための研修会）を開催しています。

現在、日本国内では多くの食関連のコンテストや審査会、AWARDが開催されています。

国や都道府県、市町村が主催しているコンテストもあれば、お米や野菜などの生産者組合、

酒造組合、醸造組合、地域の飲食店組合が主催しているコンテストもあります。大学や調理師や製菓衛生師の専門学校といった教育機関が、学生向けに卒業制作を発表するような場として主催するコンテストもあります。中には一般企業が、自らの商品の広告・宣伝のためにキャンペーン的な意味合いのあるコンテストも多く存在します。

コンテストやAWARDに出品する8つの理由

　食のコンテストは地方自治体や民間企業、学校や教育委員会、生産者組合などが開催しています。単発のコンテストもあれば、何十年と続いているコンテストもあります。

　企業や個人が食のコンテストに出品、参加する理由はさまざま考えられます。

理由①　グランプリや金賞、優勝などの賞を獲ることによるニュース効果

　賞を獲得することは大きなニュースになります。それが一般的に評価の高いコンテストであればなおさらです。科学や医学の分野ではノーベル賞を獲る、小説では芥川賞や直木賞を獲ると、それまでは専門家の間のみ知られていた人が、一気に全国、世界的規模に有名になります。食品の場合であってもコンテストで賞を獲るとニュースになるので、そのまま広告・宣伝効果に繋がります。受賞した企業がプレスリリースを出すことによって、「広報」効果も期待できます。

理由②　自社製品の一般的な評価を知りたい ➡ 消費者・ユーザーからの評価

　自社商品の消費者・ユーザー側からの一般的な評価が知りたいと、食のコンテストに出品する企業も多くあります。コンテストの審査に専門家の審査員だけではなく、その商品を日常的に使っている消費者・ユーザーの声が反映できる審査員を審査員団に入れている、または反映できるシステムがあるコンテストの審査は信用できます。

理由③　同業他社と比較した場合の評価を知りたい ➡ プロからの評価

　多くのコンテストの審査員は同業のオーソリティが務める場合が多く、同業他社と比較した評価を知りたいというニーズには対応できます。生産者組合の理事長やOBが審査員をするコンテストも多くありますが、評価が偏（かたよ）っている、もしくは馴れ合いの審査である場合が

ありますので注意が必要です。

理由④ 出品商品や人財の技術・知識・経験の認知度アップ

　出品商品や従業員（商品開発担当者、シェフ、パティシエ）の認知度アップも、コンテストやAWARDに出品する大きな理由です。「●●コンテストで金賞を受賞した商品」「●●選手権で優勝したパティシエ」という称号は、企業や店舗のブランディングと知名度アップに大きく寄与します。無名な商品や従業員が、コンテストで賞を獲ることによって有名になるのは珍しいことではありません。

理由⑤ 出品商品や人財の技術・知識・経験の社会的な意義を再認識

　希少な製法や生産物、画期的な技術、伝統的な食品など後世に残したいものを、コンテストを実施することによって、認知度を上げて社会的な意義を再認識させるためという理由は理解できます。またそれに特化したコンテストもあります。

理由⑥ 賞品や賞金がほしい

　コンテストやAWARDの中には、豪華な賞品や賞金を優勝者やグランプリに副賞としている場合があります。賞品や賞金がコンテストへの出品、参加へのモチベーションとなることもあります。

理由⑦ 企業内の技術や知識の向上のため

　企業内コンテスト、社内コンクールなどがこれに当たります。企業内の社員の技術や知識を向上するためのコンテストやコンクールです。社員教育・研修や社員の意識向上のために開催されるものです。

理由⑧ 自社商品や企業に箔をつけて、ブランディング化をするため

　コンテストやAWARDに出品、参加する最大の理由は、自社商品や企業（従業員個人）が賞を獲ることによって箔をつけてブランディング化することにあります。信用力、評価の高いコンテストやAWARDに積極的に出品、参加することにより、企業価値、ブランディング力を高めることが可能となります。

食の審査員で最も大切にすべき点とは

食を扱うという点において、食の安全が最優先に考える事項です。食の審査員をする時も、まずは食の安全性が最優先に審査事項としてあげられます。つまり、一番に考えなければいけないのが、安全であるかどうかという点。食の専門家であれば当然のことです。

1に安全、2に安全、3・4がなくて5に安全

　食の安全を担保するということは、簡単なように思われがちですが、繊細で丁寧な対応と細心の注意があってこそ成立するものです。

　食のプロであればあるほど、食の安全性に対する意識は高いものです。

「どんなに美味しいメニューを作っても、衛生的にNGならばすべて台無し」

「どんな素晴らしい技術や独創的なアイデアの作品でも、食中毒を起こしたら価値はゼロどころかマイナス」

です。

　食のコンテストの審査員はまず、食の安全性が万全であるかどうかをチャックすることから始まるといっても過言ではありません。安全性・衛生面が少しでも揺らいでいるコンテストやAWARD出品作であったなら、その時点で棄権扱いにすべきです。これは鉄則です。食の安全は他のすべてのチェック項目に優先します。

　安全性・衛生を料理コンテストの主要な審査項目に入れているコンテストも多くあります。

　例えば、調理師や製菓衛生師を養成する専門学校では、毎年「料理技能コンテスト」を開催しているケースをよく見受けます。

　あるテーマ ── 例えば「卒業」「感謝」などに従って、創意工夫して料理やスイーツの技術を競うコンテストですが、ここでも安全性・衛生面を審査員は見ています。

　手洗いなどの衛生面、食材の扱い方などにも着目しています。

　簡単に、手洗いといっても、ササッと水洗いする手洗いから、外科手術する前の医師が何分もかけて消毒・洗浄するものまでさまざまです。

　手洗いは、その程度によって3種類に分けられるとされています（次ページ図表参照）。

　食の審査員が、メニューコンテストや料理コンテストで審査する際に関係してくるのが、②の衛生的手洗いです。

　エントリーしている候補者は、料理を作る段取りや手順で頭がいっぱいになっているため、

●手洗いの種類と方法

①日常手洗い	30秒程度かけて洗います。日本人の平均手洗い時間は12秒程度といわれていますが、その3倍は必要とされます。日常手洗いは、何回もしっかり洗う、親指、手首、指先、手の甲、爪の中や指の間も洗います。手指を清潔に保ち、自分や同席者を衛生的に保つために洗います。
②衛生的手洗い	審査員がメニューコンテストや料理コンテストで、エントリーしている候補者が実際に料理や作品を作る時に見ているのが、「衛生的手洗い」です。日常手洗いよりも、より丁寧で確実に手洗いをしているかどうか。時間は最低30秒から1分間。プロの手洗いである衛生的手洗いは、お客の口に入る食品を扱うわけですから、確実に衛生状態が保てる手洗いをすることが不可欠です。主に外から付着した病原微生物を物理的に洗い流し、除去することを指します。そのため、常在菌などを根底から取り除くほどの過度な手洗いまでは不必要ですが、適切な手洗い設備で手全体を確実に洗うことが求められます。 特に手洗いのあと、ペーパータオルで手を拭いて、アルコール消毒までできれば満点です。
③外科手術手洗い	医師や看護師、リハビリ師など医療機関に従事する人がする手洗い。特に外科医師が外科手術をする前に行う手洗いは、皮膚の表面の汚れ、皮膚の表層部分の通過細菌、汚染菌だけでなく、表層の常在細菌、皮膚固有の常在細菌叢、さらには深層にある常在菌まで、ほぼすべての菌を除去する目的で行う、究極の手洗いといえます。

ほとんどの候補者は水道で手をちょっとだけ濡らしただけで料理に取り掛かります。これは大減点となります。

　15秒以上かけて手を洗えば合格。30秒ほどかけて手をしっかりと洗った候補者は満点。

　さらに手首や肘のあたりまで洗い、洗ったあとはペーパータオルで手をしっかりと拭いて、アルコール消毒まですれば加点です。

　調理師や製菓衛生師の養成専門学校は調理技術はもちろんですが、基本は「安全・衛生」を学ぶ学校です。安全・衛生の基本は手洗いです。

食のコンテストにおける手洗いの採点エピソード

寿司職人の技術と接遇能力を競う、あるコンテストでのことです。

このコンテストは「技術部門」と「演出部門」に分けられ、それぞれと総合部門の優勝や準優勝、3位を決める大会です。総合部門は「技術部門」と「演出部門」の両方の合計点で決まります。

技術部門は主に握り寿司職人と

しての技術、演出部門は接遇についての技量が問われ、予選を勝ち上がった10名ほどが決勝に進みます。

ある年の大会で、予選を優秀な成績で勝ち上がってきた寿司職人がいました。

特に予選の技術部門における点数はトップクラスで、審査員の間では優勝候補との声が上がっていました。そして当然のように決勝の舞台に立ちました。

決勝は技術部門と演出部門です。その寿司職人は技術部門をトップクラスの成績を修め、最後の演出部門に臨みました。この演出部門で大きなミスがなければ間違いなく優勝です。

演出部門は模擬接遇で、ステージの上には寿司屋さんを模したカウンターが設置され、俳優と女優の2名がお客に扮して訪れて、寿司を注文するという設定でした。お客役の2人がカウンターの寿司職人（選手）にいろいろと話しかけます。

その際、お客役の女優さんがシナリオ通り、

「何かおすすめのネタはありますか」

と尋ねました。その優勝候補の寿司職人さんは

「当店は特製の玉子焼がおすすめです」

と答え、そのお店の玉子焼きについて説明を始めました。

聞き終わったお客役の女優さんは、

「実は私、卵アレルギーなんですが、食べても大丈夫ですか」

と聞きました。するとその寿司職人さんは、

「当店でもう10年以上、玉子焼きを出していますが、一度もアレルギー反応を起こしたこと
はありません。オーガニック飼料を使ったとても安全・安心な卵ですので、アレルギーがあ
る方でも安心しておすすめしています」

と答えたのです。

審査員席に衝撃が走りました。

食物アレルギーは、命に係わる大変な問題です。食の安全性の基本中の基本です。

食物アレルギーの定義は、「食物によって引き起こされる抗原特異的な免疫学的機序を介
して、生体にとって不利益な症状が惹起される現象」です。

つまり「人間の身体が、本来は体に害を与えない食べ物を異物と勘違いし、免疫反応が
過敏に働いてしまう現象」のことです。

食物アレルギー反応としては、蕁麻疹やかゆみ、咳などがあり、時にアナフィラキシーと
いう重い症状が出ることもあります。食に関わる仕事をしているプロは、真っ先に注意・確
認しておかなければならないチェック項目です。

アレルギー反応は年齢によって変化しますし、国、そして個人によって原因となる食べ物
も違います。日本では食物アレルギーの原因の食物として、鶏卵、牛乳、小麦が全体の
70%を占め、特に鶏卵は40%近くを占めます。卵を扱う場合は特に注意・確認が必要です。
「苦手な食材、食べられない食材などありますか」と食事のスタートに聞く飲食店が多い
のは、食物アレルギーについての確認です。

コンテストでずっとトップを走っていたその寿司職人さんは、このひと言で失格。接遇部
門での点数はゼロ扱いとなってしまい、入賞することはできませんでした。

食を扱うコンテスト・審査会は、大前提として「食の安全は確保できているか」があります。
どんなに技術や接遇が優れていても、食の安全が確保できていない食べ物は食べ物ではな
いからです。食の審査員をする場合は、まずは「安全性」が確保されているかどうかを確
認してください。

用語解説 アナフィラキシー

発症後、極めて短い時間のうちに全身性にアレルギー症状が出る反応のこと。血圧の低下や意識障害など
を引き起こすこともあり、場合によっては生命を脅かす危険な状態になることもある。この生命に危険な状態
を「アナフィラキシーショック」という。

食のコンテストやAWARDのチェック項目

食のコンテストやAWARDの内容如何（いかん）に関わらず、「安全性」が最も大切で共通のチェックポイントだということは前項で解説しました。食のコンテストでは、それ以外にどのようなことが審査ポイントになるかを見ていきましょう。

食のコンテスト・AWARDによって審査項目が変わる

　食のコンテスト・AWARDでは、「何を中心に審査するのか」によっていくつかの分野があります。典型的なコンテスト・AWARDの10の審査項目について説明をしていきます。この他にもそれぞれのコンテスト・AWARDの特性によって審査項目は変わります。

　多くのコンテスト・AWARDでは、図表の10のチェック項目の中で5つほどを、5点満点で1〜5点で採点して審査しているケースを多く見かけます。審査項目が多いほど客観性が増し、総合的多面的な審査といえます。フードアナリストは食の審査員の専門家ですので、フードアナリスト・レポートを書く場合は30〜100項目をチェックします。食の審査員になるフードアナリストのための研修会や研究会を毎月実施しています。

　図表の10の審査項目のうち、どこのポイントにフォーカスするかは、コンテスト・AWARDの趣旨に即しているのかによって変わります。また配点の比率も変わります。

●食のコンテスト・AWARDの10の審査項目

①技術を審査する	技術的に優れていた（商品・料理）か
②見た目の美しさを審査する	見た目は美しく食欲をそそられたか
③接客・接遇を審査する	接客や接遇は優秀だったか
④アイデアや発想力を審査する	アイデアや発想力に富む作品だったか
⑤作業態度を審査する	整理整頓に気を付け、清潔な作業態度だったか
⑥地域性を審査する	●●県ならではと感じさせる料理（商品）であったか
⑦環境・衛生・安全性を審査する	安心安全な料理（商品）であったと考えられるか
⑧栄養バランスを審査する	食べる人の栄養バランスに配慮した料理（商品）だったか
⑨作品紹介パフォーマンスを審査する	商品の魅力を十分に伝えるパフォーマンス（説明）だったか
⑩味を審査する	食欲をそそられる味覚があるか

レストラン関係であれば、レストランを店舗ごと審査するのか、料理コースを審査するのか、1つの料理を審査するか、料理人やパティシエ、栄養士の人物の技術や知識、発想力などを審査するのかによって、チェック項目は違ってきます。

食品・飲料であれば、企業自体のブランドを含めて審査するのか、生産体制や生産過程を審査するのか、できあがった商品を審査するのかによって変わります。

食のコンテスト・AWARDでの典型的な10の審査項目

審査項目① 技術を審査する
➡「技術的に優れていた（商品・料理）か」

業界団体、調理師や製菓衛生師の団体・専門学校で重視されるのが、「技術」です。包丁さばきやナイフさばきや手さばき、フライパンなどの調理器具の扱い方、できた商品の繊細さや精巧さなどが、「技術」を審査する時のポイントとなります。コンテストの中には正確さや速さを競う場合もあります。

技術を見る審査員は、多くはプロの料理人、パティシエ、食品職人のようなベテランのプロの職人さんが担当する場合が多いようです。

審査項目② 見た目の美しさを審査する
➡「見た目は美しく食欲をそそられたか」

料理や食品における見た目の美しさは、「食べたい欲求」に直結している美しさです。ですから、いくら美しくても毒々しい色合いであれば、「食べたい欲求」は萎みます。料理の場合であれば、出来栄えの美しさも審査します。

「照り」「艶」「焼き色」「煮崩れ」なども、しっかりと審査します。色合いについては全体のバランスや反対色を使っているかといった知識も、審査員には求められます。

審査項目③ 接客・接遇を審査する
➡「接客や接遇は優秀だったか」

接客や接遇はともに「おもてなし」や「応対」を意味しますが、接遇のほうが上位の概念です。接客は文字通り、お客に接して必要なサービスを提供することですが、接遇はそのサー

ビスに加えて「お客様は特別です」と態度で表す、お客の心に寄り添う行為を指します。プラスアルファのおもてなしが接遇です。接客や接遇を審査する場合は、審査会場に模擬店舗を設置して、お客役を用意し、実際に接客・接遇をする場合が多いです。特に接遇は実際にお客にどのように声掛けをするのかなどが重要になります。

審査項目④ アイデアや発想力を審査する
➡「アイデアや発想力に富む作品だったか」

　料理や商品のオリジナリティを問う審査項目です。コンテストやAWARDでは、アイデアや発想力が問われないことはないと考えられます。接客・接遇コンテストは別ですが、個別の作品、人物を対象にしたコンテストやAWARDの場合、食の創意工夫を審査するという側面が大きいからです。

審査項目⑤ 作業態度を審査する
➡「整理整頓に気を付け、清潔な作業態度だったか」

　高校生料理レシピコンテストや調理師専門学校、製菓衛生師専門学校など、調理技術や知識を学ぶ教育機関が主催するコンテストには、よく採用されている審査項目です。「整理整頓」「清潔、衛生的」などが該当します。作業途中のゴミ処理や布巾、食材の整理整頓、調理道具や食材を清潔さを保つ行動などがチェックされます。

審査項目⑥ 地域性を審査する
➡「●●県ならではと感じさせる料理（商品）であったか」

　日本の食文化の大きな特徴に地域性があります。南北細長い国土に地域色豊かな食材と美しい水が日本の食文化には欠かせません。料理コンテストや商品AWARDは、地方自治体（都道府県、市町村）や地方の公的団体や業界団体が主催している場合も多く、地方色地域性の豊かさを審査基準にしているのをよく見かけます。

審査項目⑦ 環境・衛生・安全性を審査する
➡「安心安全な料理（商品）であったと考えられるか」

　料理コンテストであれば、調理をする環境、衛生に対する心配り、そして食材を選ぶ場

合のトレサビリティを含む場合の安全性を審査します。食品の場合は、工場の環境や衛生管理、そしてトレサビリティを含む食の安全についてチェックします。どの程度までかについては各コンテストやAWARDに基準が設けられており、厳密なところでは放射性物質についてまで言及する審査会まであります。

審査項目⑧ 栄養バランスを審査する
➡「食べる人の栄養バランスに配慮した料理（商品）だったか」

　最近では、栄養バランスについてもチェック項目に入れるコンテストやAWARDが増えてきています。日本国民の健康意識の高まりとともに、栄養についても審査項目となる機会が多くなっています。

審査項目⑨ 作品紹介パフォーマンスを審査する
➡「商品の魅力を十分に伝えるパフォーマンス（説明）だったか」

　最近のコンテストやAWARDでは、商品を説明・紹介するパフォーマンスを評価するという流れがあります。生産者・製造者、料理人は作って終わりではなく、説明や紹介のパフォーマンスをする時代です。いかに自社製品の魅力を伝えることができるかというプレゼン能力も、審査項目に入っているコンテストが最近は増えてきています。

審査項目⑩ 味を審査する
➡「食欲をそそられる味覚があるか」「単純に美味しいと感じられたか」「完食したいと感じられる味だったか」「味だけ見れば、競合他社商品と比べて優位性があると感じられるか」

　味を審査するのは、個人差が大きいため難しいものです。通常は、ある程度濃厚な味であれば、美味しいとされる場合が多いものです。審査員として審査する場合は、「あなたがその商品のターゲット層の性別・年齢・場所・属性・シチュエーションであったとしたら、どのように感じるか」を加味して審査します。

　コンテストやAWARDの目的によって審査項目は変わりますが、「食欲をそそられる味」「単純に美味しいと感じられる味」「完食したい味」「競合他社との優位性がある味」などが審査項目に入る場合が多いようです。

Chapter 7

第 7 章

ジャパン・フード・セレクションの審査・認証制度

食品食材の評価制度 「ジャパン・フード・セレクション」とは

「ジャパン・フード・セレクション」は、初めて日本から発信する食品食材の評価制度として、2013年にスタートしました。2万3000人のフードアナリストが選ぶ、食品・飲料の審査・認証制度です。

「消費者目線の評価軸」と「食の専門家の評価軸」という評価基軸

　ジャパン・フード・セレクションは、書類審査、アンケート調査、フードアナリストによる1次審査を行い、3級フードアナリストで構成されたジャパン・フード・セレクション審査員による2次審査、そして2級以上の上級フードアナリストで構成された審査委員会による最終審査を経て、最終的な賞を決定するというものです。厳格なファイヤー・ウォールと、公正・中立な審査体制をベースとした食に関する評価制度として毎月実施されています。

　2019年に大手飲料メーカーがテレビCMにて、自社商品がジャパン・フード・セレクショ の金賞受賞したことを大々的に流し始めたあたりから、知名度が大幅にアップ。現在では日本を代表する食品・飲料の審査・認証制度に成長しました。毎月数十件以上の審査申請が届くほど、食品業界でもひとつの指針や目標となり始めています。

　ジャパン・フード・セレクションに注目が集まるのは、業界関係者ではなく、「消費者目線を持った食のプロ＝フードアナリスト」が選んだ食品や食材であるという点が挙げられます。フードアナリストが、**「消費者目線の評価軸」**と**「食の専門家の評価軸」**というふたつの目線を持って評価するという画期的な審査員としての資質を持っていたからです。「食の情報」について詳しく勉強し、厳しい試験に合格したフードアナリストならではの審査が特徴です。

多くの食関連企業が参加しやすいように

　大手メーカーの食品・飲料だけでなく、中小・零細食品メーカーも出品できるほど出品コストが安いという特徴もあります。地方の生産農家や零細食品メーカーからの出品も多く見られます。ジャパン・フード・セレクションにて銀賞、金賞、グランプリを認証されることは、全国区の評価と知名度アップが得られ、通信販売や全国展開への指針となります。

　審査対象商品となるのは、食品と飲料です。「風味があるもの」というのが出品条件です。風味とは香り、匂いを指しますので、風味がある食品・飲料ならば出品は可能です。加えて、

これまで知られる機会のなかった輸入基準をクリアした食品や農産物・水産物も取り上げることで、多様性のある認証制度となっています。

　基本的には食品メーカーからの審査・認証の要望を受け、商品を出品するのが基本ですが、一方でフードアナリスト（日本フードアナリスト協会認定会員・正会員）による推薦エントリー制度も設けています。全国2万3000人のフードアナリストの眼と鼻と耳と舌と皮膚感覚の五感が、エントリーのアンテナとなっているところも特徴です。フードアナリストから多い月で200件以上の推薦エントリーがあります。

日本の素晴らしい食を発見・発掘する一助に

　日本フードアナリスト協会が発足されたのは2005年。当時は極端な食糧不足だった戦後より立ち直り、高度経済成長、かたや、バブル経済から続く"飽食"の時代を経て、まさにグルメ・美食ブームの時代でした。バブル経済崩壊後の経済の低迷と高齢化の進展が問題視され、国民あげて食を通じた健康や地球環境への配慮が叫ばれ始めた時代でもありました。

ジャパン・フード・セレクションのロゴマーク

　日本は飽食から食を選ぶ"選食"へと生活を変える必要があります。これからの人たちは、SDGsの考えから、個々の健康のためにも、"飽食""美食"ではなく、**"選食"へと食生活の一大転換を経験する**と考えます。量でも低価格でもなく、質の時代の到来です。

　ジャパン・フード・セレクション制度は、日本の素晴らしい食を発見・発掘して、いいものを再認識する機会を与える一助になることが目的です。さらには、日本人の繊細な味覚、指向性、感性、食文化を、日本から世界へ発信することを目指しています。

　ロゴマークも日本地図をモチーフにしています。

　審査を担当するジャパン・フード・セレクション商品開発委員会には、日本フードアナリスト協会の行動規範と倫理規定が適用され、考えうる限り厳正で中立・公正な評価を期しています。

ジャパン・フード・セレクションの7つの特徴

ジャパン・フード・セレクションは、他のフードコンテストと一線を画すものとして評価を高めています。ジャパン・フード・セレクションそのの特徴は主に7つがあります。この特徴が日本で唯一無二のコンテストとして、評価を年々高めています。

人と時間をかけて、"食の本物"を審査

特徴① 身内や業界団体ではなく、審査員のプロが審査

　業界団体が業界の地位向上や知名度アップを目的に実施しているコンテストは多くあります。業界団体や生産組合が主催しているコンテストの審査員の多くは、業界関係者が多いようです。業界団体のコンテストを業界関係者が審査したら、知り合い、身内同士の審査になるケースも多く、中立・公正な審査とはいえない例もあります。

　消費者サイドから見て、信用の置けないコンテスト結果と考えてしまうことも少なくないでしょう。招待された農林水産省や経済産業省、都道府県や市町村の局長や課長クラスが審査する場合もありますが、行政官としてはプロでも食のプロといえるかどうかは疑問です。

特徴② 数名の審査員ではなく、フードアナリスト2万3000人がかかわって審査

　有名なフランスのレストランガイドブックでさえ、プロの審査員5～8名で各国の地域のレストランを網羅しています。ほとんどの国内のコンテストやAWARDでは、数名の著名人、業界関係者、行政関係者が招待されて審査員をする場合が多いようです。数名の審査員であれば、その時に審査した審査員の趣味嗜好が反映される可能性も否定できません。

　ジャパン・フード・セレクションは、アンケートで2万3000人、1次審査30名、2次審査20名、最終審査で10名程度、合計で50名以上の審査員が審査を担当します。そのため、客観性、公平性のある審査をすることができます。50名以上の審査員すべてが、フードアナリスト資格を持っている「審査員のプロ」であることも特徴です。

特徴③ 1日だけで受賞作品を決めるのではなく、審査期間に2カ月かける

　国内のほとんどのコンテスト・AWARDが1日で完結しています。朝スタート（遅い場合は昼から）して、料理や食品を作って出品して、審査員が最後に審査して、グランプリや金賞、●●賞を決めるといった流れが多いようです。

ジャパン・フード・セレクションは書類審査、アンケート調査、1次審査、2次審査、最終審査と5回の審査後に、審査委員会で最終決定されます。2カ月ほどかけてようやく賞が確定します。2カ月間かかわるのは、すべてフードアナリスト資格を持っている食のプロです。

特徴④ **1次審査、2次審査、最終審査と3回も審査員が集まり、実食による試食審査会を実施**

国内のほとんどの食のコンテストやAWARDの審査会での実食による試食会は1回だけというのが多いようです。それに対し、ジャパン・フード・セレクションは3回の実食による試食審査会を実施しているのも特徴です。3回とも別日に審査員が集まり、審査会を実施しています。1次は4級フードアナリスト、2次は3級フードアナリスト、最終は2級と1級フードアナリストと、それぞれレベルの違う審査員が段階的に審査をすることによって、客観的で多面的、総合的な審査を可能としています。

特徴⑤ **審査チェック項目は1次30項目、2次50項目、最終100項目ある**

第6章で述べたように、通常のコンテスト・AWARDの審査チェック項目は5項目程度です。中には審査員個人の感性に任せてチェック項目自体がない大会もあります。

このような通常5〜10項目の審査チェック項目に対して、ジャパン・フード・セレクションでは1次30項目、2次50項目、最終100項目のチェック項目が設けられています。

ジャパン・フード・セレクションでは審査項目を詳細に設定することによって、その場の雰囲気や空気に流されない厳格で公正・中立な審査を実現しています。

特徴⑥ **厳格なファイアー・ウォールに基づく中立・公正な審査体制**

ジャパン・フード・アナリストは、現役のフードアナリスト（4級〜1級）資格者が審査員を務めるコンテストです。フードアナリストは、「フードアナリスト倫理規定」「フードアナリスト行動規範」（フードアナリスト4級教本参照）を遵守（じゅんしゅ）して審査を行います。倫理規定の中には「その公平性を維持するために自らを含めて、3親等以内の親族や姻族が関与している店舗の評価は行わないものとする」など厳格な規定があります。

業界団体や生産組合が開催しているコンテストの中には、身内同士で審査しているものもありますが、ジャパン・フード・セレクションはファイアー・ウォールに基づく中立・公正

な審査体制の元、審査を行っています。

特徴⑦ **世界一の食文化を誇る日本人の、繊細な味覚、嗜好性、感性、**
そして食文化（輸入食品なら当該国の食文化）を配慮した評価

　世界3大料理は「フランス料理」「中国料理」「トルコ料理」ですが、日本料理は世界3大
料理の「別格」です。2013年には、「和食」がユネスコ無形文化遺産に登録されました。
ユネスコ無形文化遺産に登録された理由は下記コラムに示した4つとされています。

　ジャパン・フード・セレクションでは、日本の食文化、日本人の持つ繊細な味覚、嗜好性、
感性に配慮した審査をします。外国からの出品であれば、当該国の食文化について審査員
に説明して配慮した評価をします。「日本と世界の食文化を大切にする」というのがジャパン・
フード・セレクションの審査方針だからです。

---

 column | **「和食」がユネスコ無形文化遺産に登録された理由**

理由①：多様で新鮮な食材とその持ち味の尊重
　日本は南北に細長く、海、山、里と表情豊かな自然が広がっています。全国各地で地域に根差し
た多様な食材が用いられています。また、世界で一番美しい水に溢れ、清浄を尊ぶ民族性に相まっ
て、素材の味わいを活かす調理技術・調理道具が発達しています。

理由②：栄養バランスに優れた健康的な食生活
　一汁三菜を基本とする日本の本膳料理を源流とする食事スタイルは、理想的な栄養バランスとい
われています。また、日本発の味覚である「うま味」を料理に取り入れることで、動物性油脂の少
ない食生活を実現できています。日本人の肥満防止と健康促進、長寿に役立っています。

理由③：自然の美しさや季節の移ろいの表現
　旬を楽しむというのが和食の基本。食事シーンで、日本の自然の美しさや季節の移ろいを表現す
ることも特徴です。季節の花や葉などで料理を飾り付けたり、調度品や器を利用したりして、季節
の移ろいを楽しむ文化があります。

理由④：年中行事との密接な関わり
　日本の食文化は、正月、お盆、雛祭りなどの年中行事と密接な関係があります。自然の恵みであ
る「食」を神様と共食し、食の時間をともにすることで、家族や地域の絆を深めてきました。

ジャパン・フード・セレクションの審査対象商品

ジャパン・フード・セレクションの審査対象となる商品は「食品」と「飲料」です。その内容として、食材、食品、加工食品、菓子、健康食品、蒸留酒、リキュール、ビール、その他の飲料に分類されます。

風味があるものまでが審査対象

　食の分野は幅広く、その数は膨大です。では、ジャパン・フード・セレクションの審査対象はどの範囲までなのでしょうか。それは美味しさの構造によって決められています。

　美味しさの構造は、基本五味→広い意味での味→風味→食味→美味しさですが、風味があるものまでがジャパン・フード・セレクションの審査対象です。

　風味とは「風が運んでくる味」、すなわち「匂い、香り」のことです。

　食味はあるが、風味のないものは原則的には審査対象にはなりません。外観や食感がよくても、味や香りのない食品は評価の対象となりません。

　健康食品は審査対象ですが、サプリメントやクスリは審査対象ではありません。

　ミネラルウォーターや炭酸水については、日常的に飲まれる飲料ということで、審査対象になっています。

●ジャパン・フード・セレクションの対象商品ジャンル

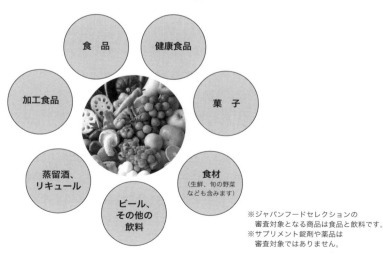

食品

健康食品

加工食品

菓子

蒸留酒、
リキュール

食材
(生鮮、旬の野菜
なども含みます)

ビール、
その他の
飲料

※ジャパンフードセレクションの
　審査対象となる商品は食品と飲料です。
※サプリメント錠剤や薬品は
　審査対象ではありません。

ジャパン・フード・セレクションへの出品

ジャパン・フード・セレクションの面白い特徴としてエントリー方法があります。通常、食のコンテストのほとんどが自薦によるエントリーですが、ジャパン・フード・セレクションでは食のプロであるフードアナリストによる他薦というエントリー方法も設けています。

食情報のプロによる推薦が厳しい競争を生み出す

ジャパン・フード・セレクションへの出品の方法には2つあります。

「食品メーカーが直接出品する方法」「フードアナリストによる推薦エントリー」です。

出品方法① 食品メーカーが直接出品

ほとんどの食品メーカー、飲料メーカーがこの方法で出品しています。商品開発部やマーケティング部、広告部などの担当部署が直接、日本フードアナリスト協会に問い合わせて、ジャパン・フード・セレクションに出品しています。

出品方法② フードアナリストによる推薦エントリー

2022年5月より、ジャパン・フード・セレクションの認知度を上げるため、①の企業からの直接出品に加え、フードアナリスト資格者（4級〜1級）による推薦エントリー制度をスタートしています。

現在、フードアナリスト資格者（4級〜1級）は2万3000人。全国47都道府県のすべてに、フードアナリスト有資格者がいます。この2万3000人が、食品・食材・飲料を自らリサーチしてジャパン・フード・セレクション事務局へ推薦します。フードアナリスト資格者（認定会員・正会員）であれば、誰でも推薦ができます。

フードアナリストから推薦を受けたジャパン・フード・セレクション事務局は、その食品・食材・飲料を事前に審査し、出品する価値がある商品であると判断された場合、当該商品の販売元企業に連絡を入れ、ジャパン・フード・セレクションへの出品を提案します。

全国47都道府県にいるフードアナリストが、まさに目となり耳となり鼻となり、そして舌と皮膚感覚を駆使して推薦する、ジャパン・フード・セレクションならではの制度です。

●ジャパン・フード・セレクションへの2つの出品方法

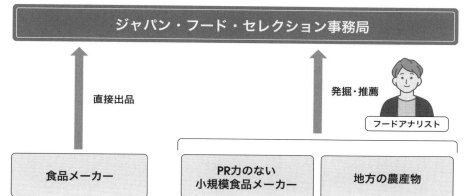

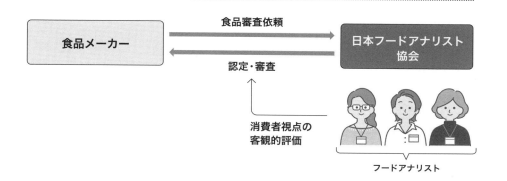

ジャパン・フード・セレクション
予備審査、本審査、受賞までの流れ

ジャパン・フード・セレクションは2万3000人のフードアナリストがかかわって、2カ月以上の長い時間をかけて、厳正に公正なる審査を行います。ここではどのような審査が行われるか、順を追って解説していきます。

7つの過程を踏む「予備審査」

●ジャパン・フード・セレクション出品から受賞後までのフロー

1. 商品出品　→　**2.** 審査・認証　→　**3.** 受賞後

①申込

申込は毎月1日〜20日まで。所定の審査申込書に記入して、ネットもしくは郵送で申し込みます。申込と同時に、予備審査料3万3000円をジャパン・フード・セレクション事務局に振り込みます。

②書類審査

書類審査はジャパン・フード・セレクション事務局で行います。書類審査では主に、審査対象であるか（風味のある食品もしくは飲料であるか）を中心に調査して通過か不通過を決定し、速やかに出品企業に連絡します。

③アンケート調査

日本フードアナリスト協会のメールマガジンを通して、フードアナリスト資格者に対してアンケート調査を実施します。アンケート調査対象はすべて食のプロであるフードアナリストのため、良質なアンケート結果が得られます。

④サンプル商品郵送

ジャパン・フード・セレクション事務局では出品者と相談のうえ、サンプル品の送付を依頼します。1次審査30名、2次審査20名、最終審査10名の合計50名程度が実際に試食して審査します。そのため、試食サンプル品は余裕を持って70食分をお願いしています。鮮度が重要な商品の場合は、1次、2次、最終と審査の都度、送付してもらう場合もあります。

⑤1次審査（初級審査会）

　都内を中心に（多くなってくれば地方でも）会場を借りて、4級フードアナリスト20〜30名が来場し、1次審査会を開催します。1品ずつ事務局より所定の商品説明をしたあと、実際に試食をして、30項目のチェックシートに1〜5の審査評定します。惜しい点、素晴らしい点、改善点については記述欄があり、できるだけ詳しく記入されます。

⑥2次審査（中級審査会）

　都内を中心に（多くなってくれば地方でも）会場を借りて、3級フードアナリスト10〜20名が来場し、2次審査会を開催します。1品ずつ事務局より所定の商品説明をしたあと、実際に試食をして、50項目のチェックシートに1〜5の審査評定します。惜しい点、素晴らしい点、改善点については記述欄があり、できるだけ詳しく記入されます。

⑦最終審査（上級審査会）

　都内を中心に（多くなってくれば地方でも）会場を借りて、2級および1級資格を持つ上級フードアナリスト10〜20名が来場し、最終審査会を開催します。1品ずつ事務局より所定の商品説明をしたあと、実際に試食をし、100項目のチェックシートに1〜5の審査評定します。惜しい点、素晴らしい点、改善点については記述欄があり、できるだけ詳しく記入されます。

　このように、①**申込**〜⑦**最終審査（上級審査会）**までが、**「予備審査」**です。ジャパン・フード・セレクションの最大の特徴は、予備審査で授与される賞の仮内定通知されるという点です。仮内定された賞によって、「本審査」に進まない出品企業も少なからずあります。「銀賞」「金賞」「グランプリ」の場合は本審査に進む場合が多いですが、「銅賞」「協会奨励賞」の場合は本審査に進まず、棄権される出品企業もあります。予備審査までで棄権する場合も、「ジャパン・フード・セレクション審査レポート」は受け取ることはできますが、レポートに明記された賞を名乗ることはできません。

銀賞、金賞、グランプリの賞を確定する「本審査」

⑧本審査受付

　本審査を申し込みます。

　申込と同時に、本審査料19万8000円をジャパン・フード・セレクション事務局に振り込

みます。

⑨本審査および発表

　本審査を受け付けたら、ジャパン・フード・セレクション審査委員長はジャパン・フード・
セレクション審査委員を招集し、審査委員会を開催します（10名程度）。審査委員会では
下記の内容が審査されます。

　A．当該企業に反社会的勢力（暴力団）は些細でもかかわっていないか

　B．当該企業に反市場的勢力（迷惑系・炎上系YouTuberなど）はかかわっていないか

　C．1次審査から最終審査までを通して不正はなかったか

　D．その他、仮内定された賞に対する疑義や意見

　これらを責任審査委員から確認を受け、審査委員長名で本審査における賞を確定し、速
やかに出品企業に連絡して、プレスリリースします。

⑩認証

　賞状と盾を出品企業に送付、もしくは手渡します。認証後より3年間は受賞商品について
はジャパン・フード・セレクションロゴマークの使用が許可されます。

●ジャパン・フード・セレクションの申込から認証までのタイムスケジュール

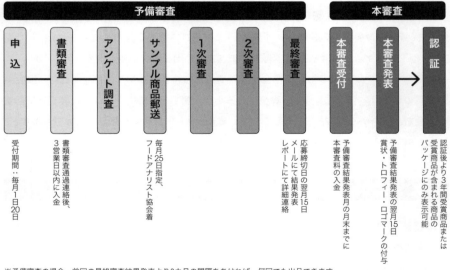

※予備審査の場合、前回の最終審査結果発表より3カ月の間隔をあければ、何回でも出品できます。

ジャパン・フード・セレクション
賞のグレードと責任審査員

書類審査、アンケート調査、1次審査、2次審査、最終審査、審査委員会と6つのステップを踏んで、ジャパン・フード・セレクションの出品商品の賞が決定します。ここではその賞を決める審査の点数評価を解説します。

賞のグレードを決める点数評価

　前項で解説したように、ジャパン・フード・セレクションの出品商品の賞の仮内定が出るのは、最終審査終了後です。

　1次審査、2次審査、最終審査の評価比率を、「1：1：1」として、満点を100%とした場合の得点率を計算して点数化します。例えば、得点率が85%の場合は85点、72%の場合は72点です。

　この点数によって、賞のグレードが決まります。

グランプリ……90点以上

金賞……………80点以上90点未満

銀賞……………70点以上80点未満

銅賞……………60点以上70点未満

協会奨励賞……50点以上60点未満

受賞なし………50点未満

出品作品ごとに1人の責任審査員がつく

　ジャパン・フード・セレクションの審査制度の特徴に責任審査員の存在があります。1つの出品商品ごとに1人の責任審査員が担当し、その出品商品について責任を持って審査します。責任審査員には出品商品の業界に強い2級以上の上級フードアナリストが就任し、商品そのものや業界、競合他社などを詳しく調査して、「ジャパン・フード・セレクション審査レポート」を作成します。そして審査委員会にて報告します。

　責任審査員は賞のグレードを決める際に、5点を加減する権限が与えられています。

　例えば、

　85点（金賞相当）を5点加点して、90点（グランプリ相当）に引き上げる。

74点（銀賞相当）を5点減点して、69点（銅賞相当）に引き下げる。

こうした引き上げ、引き下げすることが可能な大きな審査権限を持ちます。

「多数決には従うが、少数意見を尊重する」という民主主義の考え方に基づき、責任審査員の権限で、賞を概ねワンランクを上下できます。

責任審査員には、

「みんながいいという商品はつまらない場合もある」

「みんながダメという商品の中にも面白い商品がある」

といった審査の誤謬<ruby>誤謬<rt>ごびゅう</rt></ruby>を訂正する、役割があります。

●ジャパン・フード・セレクション審査レポート

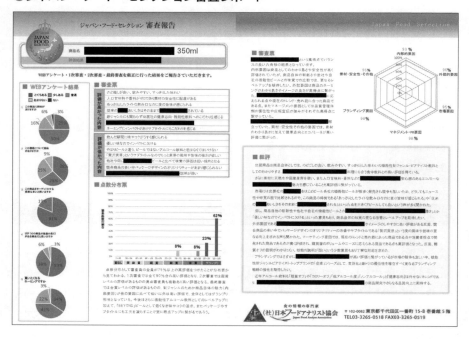

ジャパン・フード・セレクション
「重賞」（連続受賞）の表記

ジャパン・フード・セレクションは、ロゴマーク使用や受賞表記の有効期限は3年間と定められています。初めて受賞してから3年後の当日までに手続きして認められれば、「重賞（連続受賞）」となり、さらに3年間のロゴマーク使用と受賞表記が認められます。

「ジャパン・フード・セレクション●賞受賞」の表記

　初めて受賞された年月日（20●●年●月15日）より3年間は、「ジャパン・フード・セレクション●賞受賞」（2年連続、3年連続も記載可）と表記できます。

　3年後、重賞を申し込み重賞が決定した場合は、以下の表記が認められます。

　重賞後1年間→4年連続●賞受賞

　重賞後1年後〜2年後→5年連続●賞受賞

　重賞後2年後〜3年後→6年連続●賞受賞

重賞手続きをした場合の表記の例

※初めての受賞が、2018年1月15日金賞の場合

【認められる表記】

　2018年1月20日〜2021年1月14日まで、

ジャパン・フード・セレクション金賞受賞（2年連続、3年連続受賞）

【重賞手続きをして重賞が決定した場合】

　2021年1月15日〜2022年1月14日　　**4年連続金賞受賞**

　2022年1月15日〜2023年1月14日　　**5年連続金賞受賞**

　2023年1月15日〜2024年1月14日　　**6年連続金賞受賞**

（※2024年1月14日も重賞を申し込み決定した場合、7年、8年と連続受賞となります）

事務局では3年ごとに重賞に問題がないかを審議

　ジャパン・フード・セレクション事務局で次ページの5項目に対して問題ないと判断した場合、予備審査（アンケートと3回の試食を伴う審査）を経ることなく、前賞と同じ賞の受賞が本審査にて重賞が決定されます。

1. 商品の内容やパッケージに大きな変更がないと認められる場合

2. 商品を取り巻く環境に大きな変化がないと認められる場合

3. 3年間の間、反社会的勢力、反市場勢力等との一切の関わりがないと認められる場合

4. 表示や申請内容に虚偽表示が認められない場合

5. 審査に不正や規約違反が認められない場合

重賞にかかる費用

重賞の費用は、19万8000円（税込み　本審査料）のみです。

※本審査料は、2022年1月20日出品分より変更となっています。

重賞についての特典

記念盾：重賞が決定後、発送。

連続受賞呼称：重賞直後　●●賞（4年連続受賞）

　　　　　　　1年後　●●賞（5年連続受賞）

　　　　　　　2年後　●●賞（6年連続受賞）

Chapter 8

第8章

———

ジャパン・
フード・セレクションの
審査員の心構え

フードアナリストは、「ファンクラブ」ではなく「応援団」

ジャパン・フード・セレクションの審査員に選ばれたフードアナリストにお伝えしているのが、「ファンクラブではなく、応援団の気持ちで審査してください」ということです。フードアナリストとして活動していくうえでも、応援団の気持ちで対応することが大切となります。

ファンクラブと応援団の違い

ジャパン・フード・セレクションの審査をする時の基本的なスタンスは、「応援団」の気持ちで審査することだとお伝えしています。「応援団」の気持ちとは、フードアナリストという食のプロとしての活動全般におけるスタンスでもあります。飲食店のサービスを覆面で調査するミステリーショッパーをする時も、商品や飲食店を雑誌やWEBメディアで紹介する時も、**フードアナリストは常に、食の業界の「応援団」です。**自らも食の業界に属している場合もありますが、単なる批判者でも、斜めからモノを見ている批評家でも、ましてや何があっても受け入れる妄信者でも、ファンでもありません。

ファンとは熱心な愛好者のことです。そして実際に自分がするのではなく、それらを見たり聞いたりすることが好きな人。また、ある特定の人物を熱烈に支持する人です。多くは、スポーツや芸能、また選手・チーム・芸能人などの、熱心な支持者や愛好者について使われることが多い言葉です。ファンは「fanatic」（熱狂者）の短縮形ですので、「熱狂的」「狂信的」という意味合いがあります。

「どんなあなたも愛している。好き」

「恋は盲目」

用語解説 ミステリーショッパー

覆面調査のこと。一般客として対象となる店を利用し、サービスや接客態度、店の様子などについて実態調査を行う。主な依頼主は店を運営する企業で、顧客目線での評価を知り、業務改善に役立てることを目的として行われる。アメリカで生まれた手法で、ファーストフード店や小売店、銀行、行政機関など対面販売を行っているほとんどの店舗で導入されています。

「アバタもエクボ」

「屋烏の愛」（人を愛すると、その人が住んでいる家の屋根に止まっている鳥でさえ、いとおしく見えてくるという意味）

「愛してその醜を忘る」（愛すると、相手の欠点が見えなくなるという意味）

「禿が3年目につかぬ」（相手を愛すると、相手の禿げ頭も3年は気にならないという意味）

「惚れた欲目」（好きになった相手のことはひいき目に見てしまい、短所も長所に見えるという意味）

　このようにファン＝盲目的な好意についてのことわざも多くありますが、恋愛初期に見られる「相手の欠点すら好ましく思える、受け入れる」という姿勢が、ファンクラブです。

　ファンクラブが悪いといっているわけではありません。フードアナリストとして審査員をする場合は、ファンクラブのスタンスではいけません。

あえて厳しいこともいうのが「応援団」

　対して応援団とは、特定のスポーツ選手やチームをひいきにして、試合などの際に組織的に応援する人々。また、広く、特定の人に助力したり賛同したりする人々のことを指します。

　応援団にも当然、熱情はありますが、熱狂や狂信だけではありません。組織的に応援し、広く助力したり賛同したりすることです。

　ファンに比べて、客観性や合理性があるのが応援の特徴です。

　ファンが初期の恋人であるならば、応援は家族や友人のポジションだと考えてください。

　あくまでも相手に対して好意を持っていますが、持っているがためにあえて厳しいことも時にはいうのが応援団です。もちろんよい点は素晴らしいと賛同しますが、どうしても改善して欲しい点があれば指摘をする関係性です。

　食の審査員（フードアナリスト）とは、「一般人よりもほんの少しだけ厳しい眼を持ったプロ」だと考えてください。

　もちろん改善点を指摘する場合、必ず「どうすればもっとよくなるのか」「改善するためにはどうすればいいのか」を一緒に考えて提案することは欠かせません。応援するのは楽なことではありません。ですから食の審査をするためには、食についてあらゆる知識や経験を学び続ける必要があるということを私たちは忘れてはいけません。

ジャパン・フード・セレクションの
審査チェック項目の特徴

本章ではジャパン・フード・セレクションの一番初歩的な1次審査で使う30チェック項目について説明します。このチェック項目の視点は審査員でなくても、日ごろのフードアナリストとしての活動にも役立ちます。

ジャパン・フード・セレクションの審査採点は？

　ジャパン・フード・セレクションの審査レポートの審査項目は、大きく「内部的要因」「外部的要因」「市場要因」の3つに分かれます。

内部的要因	その商品自体の魅力
外部的要因	商品のネーミングやパッケージ、イメージの魅力
市場要因	商品を取り巻く環境についての評価

　この内部的要因、外部的要因、市場要因が10の区分に分けられ、10の区分が30の項目に細分化されています。

　そして、それぞれを1～5の評点をつけていきます。

1. 劣っている
2. やや劣っている
3. 普通
4. やや優れている
5. 優れている

普通（真ん中）が「3」であるという点にご注意ください。

すべて3がつけば、60%で銅賞

すべて4がつけば、80%で金賞

という評定です。

　食のコンテストやAWARDというと、ほとんどが「味」についての評価で審査されますが、ジャパン・フード・セレクションは「情報の美味しさ」を重視した総合評価で審査をするとこ

ろが特徴です。

　次ページよりジャパン・フード・セレクションの1次審査のチェック項目30の中身について解説していきます。1次審査は4級フードアナリスト以上のフードアナリスト資格を持つ審査員が実際に試食して審査します。

多岐にわたるチェック項目

　ジャパン・フード・セレクションの審査では、1次審査の内部的要因、外部的要因、市場要因に加え、2次・最終審査ではマネジメント要因、安全性要因、ブランディング要因など、全部で100のチェック項目について評価します。この100チェック項目を元に、フードアナリスト資格者が合計4回（予備調査、1次審査、2次審査、最終審査）にわたって評価をします。

　味覚や後味だけではなく、視覚、聴覚、触感や嗅覚などの五感をはじめ、ニュース性、USP、ネーミング、ストーリー性、タイトルや市場要因、安全性、マネジメント上での要因など多岐にわたるチェック項目が設けられています。このチェック項目に商品種類、販売形態などを考慮してそれぞれの傾斜配点パターンを配分し、最終的な審査結果を決定します。

　このチェック項目の審査結果概要は、商品の出品企業に対してレポートという形で送られます。自社商品の市場、消費者における評価や問題点、改善点の参考にすることができます。

●ジャパン・フード・セレクション審査レポート　レーダーチャートイメージ

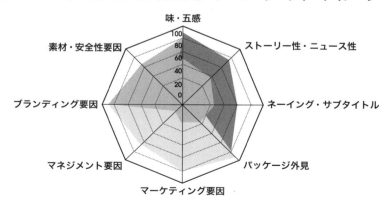

●ジャパン・フード・セレクション1次審査の評価表シート

年　　　月　　　日【転載禁止】

評価表シート
【30項目】

所持級　　　級　氏　名 ....

商品番号 ....

商品名 ....

	大項目	小項目	項目詳細	採点
1			食べた瞬間、美味しい、と感じられたか。	
2		ニュース性	商品自体にUSP（Unique Selling Proposition）があるか。	
3			オリジナリティを感じさせる商品であるか。	
4			食欲をそそられる味覚があるか。（味覚）	
5	内部的要因	味覚	商品自体の味は単純に美味しいと感じられたか。（味覚）	
6			商品自体を味わったときに完食したい味だと思ったか。（味覚）	
7	（商品自体の魅力）23項目		味だけで見れば他の競合他社商品と比べて優位性があると思うか。（味覚）	
8			商品の見た目は食欲をそそるか。（視覚）	
9		五感1	商品の見た目は購買意欲をそそるか。（視覚）	
10			歯ごたえや食感は好ましいか。（食感）	
11			商品の匂いは購買意欲をそそるか。（臭覚）	
12		五感2・その他	商品としてわかりやすいものか。（商品性）	
13			割けやすさ、切りやすさなど、食べやすいと感じられる商品か。	
14			部位のばらつきは見受けられないか。	
15		ストーリー・後味	商品にヒューマン・ストーリーがあるか。	
16			食べた後の満足感は感じられたか。	
17			多くの食品が盛られたテーブルの中で選んでもう一度食べてみたいか。	
18			素材のトレサビリティはしっかりしているか。	
19		安全性	商品の安全性についての配慮がされているか。（安全性）	
20			商品の安全性について安心感があると感じられるか。（安全性）	
21	外部的要因		商品の名前はインパクトがあるか。	
22	（商品のネーミング・パッケージとイメージの魅力）23項目	ネーミング	商品の名前はわかりやすいものであるか。	
23			商品の名前は商品を良くイメージできるものであるか。	
24		名前と商品説明	商品の名前が食欲をそそられるか。	
25			商品の名前が購買意欲をそそられるか。	
26		パッケージ・利便性	開封はしやすいか。	
27			パッケージと中身の差異は大きくないか。	
28	市場要因	購買ターゲット	コストパフォーマンスは良いと感じられるか。（CS1）	
29	3項目	トレンド	想定の値段であれば今すぐに買いたいと思うか。（CS2）	
30	（マーケティング要因）		現在のトレンド、売れ筋に沿った商品であるか。	

備考欄 ※この商品についての感想をお書き下さい

○惜しいと思ったところ

○素晴らしいと思ったところ

○改善点（どこを直せばより良くなるか）

Japan Food Selection

114

ジャパン・フード・セレクションの審査チェック項目
内部的要因

ジャパン・フード・セレクションの審査のために活用されるのが、評価表シートです。その
チェック項目のひとつ「内部的要因」について見ていきましょう。内部的要因とはその商品
自体の魅力ですが、これを6つの視点で審査していきます。

内部的要因の6つの小項目

内部的要因① 「ニュース性」

　内部的要因には小項目として
「ニュース性」があります。そ
してそのチェック項目は3つで
す。

☑ Check! 「食べた瞬間、美味しい、と感じられたか」

　食べた瞬間のひとくち目のイ
ンパクトについての項目です。
味だけでなく、見た目、香り、
歯ざわり、肌感覚、食感、の
どごしなどを含めて、「ひとくち
目」に美味しいという感覚を
呼び覚ます商品であったかどう
かをチェックします。

☑ Check! 「商品自体にUSPがあるか」

　USP（Unique Selling Proposition）は、簡単に表すと自社の商品やサービスの「特徴」
「強み」「独自性」です。消費者顧客に対する「その商品だけが提供できるメリット」を指し、
「市場においてその商品の魅力をアピールするためのコンセプトメッセージ」のことを指しま
す。USPがある商品は、付加価値が高く、同業他社の競合商品との競争力が高いと考えら
れます。

☑ **Check!** 「オリジナリティを感じさせる商品であるか」

オリジナリティとは、世間並みでない独自の新しさ、また、独自の考え方や活動をしていく能力や様子のことです。ジャパン・フード・セレクションは、アイデアや独創性、ニュース性の評価ポイントが高く設定されています。オリジナリティは、方向性が間違っていなければ付加価値を生む源泉になります。

内部的要因② 「味覚」

次の内部的要因の小項目は「味覚」です。そのチェック項目は4つあります。

☑ **Check!** 「食欲をそそられる味覚があるか」(味覚)

ジャパン・フード・セレクションは「美味しさの審査は五官」という方針があります。舌（味覚）、目（視覚）、耳（聴覚）、鼻（嗅覚）、皮膚（触覚）の五官で審査しますが、食品・飲料の場合、味覚が特にフォーカスされるのも当然でしょう。

「食欲をそそられる」「食べたいと思わせる」味だったかというのが、このチェック項目です。

素直に食べたいと感じられたか、味覚があるかをチェックします。

●美味しさの構成の図

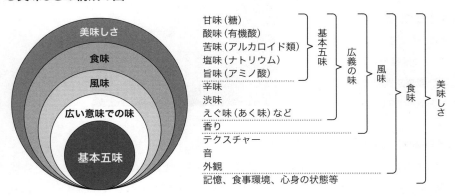

私たちが「美味しさ」を感じるのは、味覚（舌で感じる味）だけではなく、見た目や香りなど五官（視覚・味覚・嗅覚・聴覚・触覚）を活用して味わっています。甘い・酸っぱい・しょっぱい・苦い・旨いといった舌で感じる味覚、料理の艶や色、形といった目で感じる視覚、ハーブなどの爽やかな香りや香辛料のスパイシーな香りなど鼻で感じる嗅覚、ジュージューと肉を焼く音、パリパリなど噛んだ時の音など耳で感じる聴覚、硬さや柔らかさ、ふわふわ、モチモチ、ネバネバなど歯や舌で感じる触覚など。このように五官をフル活用して料理を味わっています。

☑ **Check!** 「商品自体の味は単純に美味しいと感じられたか」（味覚）

　味覚を問うチェック項目は、素直に美味しい味と感じられたかという質問が多く設定されています。美味しい味かどうかは100通りの美味しい味がありますので、味覚を問う問題はそれぞれの感性に任されていますが、「この商品を食べると想定している層」が食べたら、どのように感じるかを想像しながら答えてください。

☑ **Check!** 「商品自体を味わった時に完食したい味だと思ったか」（味覚）

「飽きない味か」というチェック項目です。ひとくち目は美味しくても、すぐに飽きてしまう味では完食できません。完食もしくはたくさん食べても飽きない味の商品だったかをチェックして答えてください。

☑ **Check!** 「味だけで見れば他の競合商品と比べて優位性があると思うか」（味覚）

「商品競争力はあるか」というチェック項目です。競合他社が販売している同じような商品はあるのか、競合商品に比べて顧客の立場から見て、優位性があるのか、競争に勝てるのかをチェックしてください。値段を含めて、「自分がもしもその商品のターゲット層だったとしたら、買うかどうか」を基準に考えてください。

　例えばチーズケーキを自分は食べないから、関係ない、買わないではなく、「自分がもしもこういったチーズケーキを日常的に買うターゲット層だとしたら、買うかどうか」を考えて答えてください。これはミステリー・ショッパーをする際にも役立ちます。

内部的要因③　「五感」

　次の内部的要因の小項目は「五感」です。そのチェック項目は4つあります。

☑ **Check!** 「商品の見た目は食欲をそそるか」（視覚）

「美味しさの審査は五官」です。食品の見た目は美しければよいというわけではありません。色が美しくても毒のような色である、食欲減退色が強調されていては食欲は湧いてきません。食欲をそそる見た目であるかどうかが大きなポイントです。

☑ **Check! 「商品の見た目は購買意欲をそそるか」**（視覚）

　ジャパン・フード・セレクションの出品企業の多くは、受賞によって知名度、認知度が上がるのと同時に、通信販売での売上アップも期待しています。商品自体の見た目が購買意欲をそそるかどうかも、大きなポイントです。自分自身のために買うか、大切な人のために買うか、会社関係の進物として使えるかなどのニーズを考えながら、チェックしてください。

☑ **Check! 「歯ごたえや食感は好ましいか」**（食感）

　シャキシャキ、ガリガリ、シュワシュワ、ほろり、ほくほく、ふわふわ、プルプルなど、その商品に好ましい食感であるかをチェックします。

☑ **Check! 「商品の匂いは購買意欲をそそるか」**（嗅覚）

　五感のうちの嗅覚を問うチェック項目です。風味がよいかという問いであり、匂い、香りがほどよくして、その商品を買いたくなるかどうかをチェックしてください。その商品に興味がある層になったつもりで評定してみてください。

内部的要因④ **「五感2・その他」**

　次の内部的要因の小項目は「五感2・その他」です。そのチェック項目は3つあります。

☑ **Check! 「商品としてわかりやすいものか」**（商品性）

　商品としてわかりやすいものかどうかをチェックします。アイデアやオリジナリティに走り過ぎて、「何がやりたいかわからない商品になっていないか」「本来の目的や美味しさを忘れていないか」といった疑問を抱く商品もあります。画期的なアイデアやクロスオーバーな商品は賛否が分かれる場合もあります。

　消費者としては、「商品としてわかりやすい商品」を購入する傾向があります。

☑ **Check! 「割けやすさ、切りやすさなど、食べやすいと感じられる商品か」**（食べやすさ）

　食べやすさに配慮しているかというチェック項目です。商品を購入して食べる顧客に対しての生産者側のホスピタリティを想像してください。

　「こうやって美味しく食べてください」「ここまで食べやすくしてありますので、美味しく食べ

てください」という気持ちが感じられるかどうか、消費者の気持ちに寄り添った商品である
かどうかをチェックします。あらかじめ切ってあったり、ひと口サイズに切り分けてある、手
指を汚さない工夫などがあるとポイントが高くなります。

☑ Check! 「部位のばらつきは見受けられないか」

部位のばらつきがあってはならない商品には、ばらつきがあってはいけません。元々ばら
つきがある商品、例えばポテトチップスのような商品であっても、ばらつきが過度にあれば
マイナス評定です。商品は安定的に提供されるのが基本です。

内部的要因⑤ 「ストーリー・後味」

次の内部的要因の小項目は「ストーリー・後味」です。そのチェック項目は3つあります。

☑ Check! 「商品にヒューマン・ストーリーはあるか」（ヒューマン・ストーリー）

美味しさの95％は、「情報の美味しさ」です。開発秘話や生産者の商品へのこだわりなど
のヒューマン・ストーリーを聞けば、商品の魅力はますますアップします。商品にヒューマン・
ストーリーはあるかどうかは、審査するうえでの大きなポイントです。

☑ Check! 「食べたあとの満足感は感じられたか」（食後感）

食後感についてのチェック項目です。いくら美味しく食べることができても、食べたあと、
胃に重かったり、脂分で気分が悪くなったら、せっかくの商品のイメージも台無しです。食
べたあとも、「また食べたい」と思えるような商品であったかどうかを審査してください。

☑ Check! 「多くの食品が盛られたテーブルの上で、選んでもう一度食べてみたいか」（食後感）

「もう一度、食べてみたいか」というチェック項目です。他の美味しそうな食品がたくさん並
んでいる中でも、この商品を選んで食べたいと食べ終わった今、感じることができるかどうか
をチェックしてください。「たくさんの食べ物の中でも選びたい」商品かどうかを審査します。

内部的要因⑥ 「安全性」

次の内部的要因の小項目は「安全性」です。そのチェック項目は3つあります。

☑ Check! 「素材のトレサビリティはしっかりしているか」(安全性)

　農林水産省のHPによると「トレサビリティ」とは、「食品の移動が把握できること」を指します。各事業者が食品を取り扱った際の記録を作成し保存しておくことで、食中毒など健康に影響を与える事故等が発生した際に、問題のある食品がどこから来たのかを調べ（遡及）、どこに行ったかを調べる（追跡）ことができます。どこの誰が生産し、どこで製造した商品なのかを明確にすることで、安全性について確認をすることが可能です。トレサビリティがしっかりしているかどうか、商品を審査します。

☑ Check! 「商品の安全性についての配慮がされているか」(安全性)

　厚生労働省では食品の安全性確保に向けて、最新の科学的知見に基づき、消費者や生産者、食品関係事業者など、幅広い関係者と情報を共有しながら、さまざまな施策を展開しています。厚生労働省が展開する「食の安全」のガイドラインに基づき、商品の安全性についての配慮がなされているかを審査します。

　具体的には、食品中の放射性物質対策、食中毒対策、牛海綿状脳症（BSE）対策、輸入食品の安全確保、食品に残留する農薬などの規制、食品中の汚染物質対策、食品添加物の安全確保、健康食品の安全確保、遺伝子組換え食品などの安全確保、器具・容器包装、おもちゃ、洗浄剤の安全確保などがあります。生命にかかわるアレルギーについての表示も、食の安全性に直結します。

☑ Check! 「商品の安全性について安心感があると感じられるか」(安全性)

「食の安全」は科学的な根拠に基づいて、食品による健康への悪影響が十分予防・抑制されている状態をいい、「食の安心」は食品の安全性について個人が信頼している状態をいいます。

「安全」は科学的で客観的なものであるのに対し、「安心」は個人が感じる主観的なものです。科学的に裏付けされた安全性について理解し、信頼することで得られるものです。

　安全は物理的、安心は精神的なものです。消費者から見て、その商品を安心して利用できるかを審査します。

ジャパン・フード・セレクションの審査チェック項目
外部的要因

内部的要因の次は外部的要因です。ここでは商品のネーミングやパッケージなど、商品の見た目の魅力について審査します。それに伴った商品説明のわかりやすさ、イメージのしやすさなども評価ポイントとなります。

外部的要因の3つの小項目

外部的要因① 「ネーミング」

外部的要因には小項目として「ネーミング」があります。そのチェック項目は3つです。

☑ Check! 「商品の名前はインパクトがあるか」

インパクトがある名前は、特に通信販売において大きな威力を発揮する場合があります。奇をてらっていればいいというわけではありません。インパクトがありながら、商品の品位を保ち、商品性を表現しているネーミングであるかどうかは大切な審査ポイントです。

☑ Check! 「商品の名前はわかりやすいものであるか」

商品の名前はわかりやすい名前であるかどうかをチェックします。審査員の感覚で構いません。あまりにも抽象的な、もしくは印象的なネーミングで、消費者にその商品が何なのかわからない商品ではせっかくの商品が台無しです。作り手側の思い入れが強すぎる名前も敬遠される場合があります。

☑ Check! 「商品の名前は、商品をよくイメージできるものであるか」

名前が抽象的、感覚的過ぎて何の商品なのかわからない商品は、消費者になかなかアピールできないものです。商品をよくイメージできる名前であるかどうかを審査する項目です。当たり前過ぎず、あざと過ぎない、商品のよさをイメージできるネーミングであるかどうかをチェックしてください。

外部的要因② 「名前と商品説明」

次の外部的要因の小項目は「名前と商品説明」です。そのチェック項目は2つです。

☑ **Check!** 「商品の名前が食欲をそそられるか」

　ジャパン・フード・セレクションの出品商品の多くが通信販売や店頭販売による売上拡大を目標にしています。そのため、売上に直結するネーミングであるかどうかは重要なポイントです。ストーリー性や食感、シズル感などが伝わってくる名前には食欲をそそられます。

☑ **Check!** 「商品の名前が購買意欲をそそるか」

　スーパーマーケットや百貨店の店頭で、通信販売のサイト上で、出品商品を実際に目にした時に「買いたい」と思わせるようなネーミングであるかどうかをチェックします。食欲をそそられる名前であっても、実際の購買行動に繋がるかどうかはわかりませんが、「限定」「ここでしか買えない」「今だけ」のような特別感があるネーミングが購買意欲をそそります。

外部的要因③ 「パッケージ・利便性」

　次の外部的要因の小項目は「パッケージ・利便性」です。そのチェック項目は2つです。

☑ **Check!** 「開封はしやすいか」

　ジャパン・フード・セレクションの評価は、商品そのものだけの味や見た目、歯ごたえ、匂いだけではなく、商品を包装するパッケージについてもチェックするところが特徴です。包装が開封しやすいか、またはしにくいかによって、出品企業のホスピタリティ意識がわかります。消費者が包装を開封するところまで意識して商品を作っているかを審査します。

☑ **Check!** 「パッケージと中身の差異は大きくないか」

　パッケージ写真と中身の違いについてのチェック項目です。パッケージ写真は一流のプロカメラマンがスタジオで撮影した写真を使いますが、開けてみて食べてみればパッケージ写真のイメージと大きく違う場合があります。特にボリューム面や質感が違う場合がありますので、しっかりとチェックする必要があります。

ジャパン・フード・セレクションの審査チェック項目
市場要因

審査チェック項目の最後は「市場要因」です。ここではマーケティング要因について審査します。マーケティング要因とは時流に合っているか、購買ターゲットと価格やイメージはふさわしいかなどを評価していきます。

市場要因の2つの小項目

市場要因① 「購買ターゲット」

市場要因には小項目として「購買ターゲット」があります。そのチェック項目は1つです。

☑ Check! 「コスト・パフォーマンスはよいと感じられるか」

コストパフォーマンスとは、「ある対象物の費用（コスト）とその効果（パフォーマンス）を比較したレベル」のことです。「コストパフォーマンスがよい（高い）」、または「コストパフォーマンスが悪い（低い）」といった言い方をします。略して「コスパ」「CP」と呼ぶこともあります。費用に対する満足度は個人差がありますが、ジャパン・フード・セレクションの審査では、総合的に見てコストと商品は見合っているかについて審査します。

市場要因② 「トレンド」

次の小項目は「トレンド」です。そのチェック項目は2つあります。

☑ Check! 「想定の値段であれば今すぐ買いたいと思うか」

CS（CustomerSatisfaction・顧客満足）の1次審査における2つ目のチェック項目です。コストパフォーマンスがよくても、実際にすぐに買いたくなるかどうかについては別物です。すぐに買いたくなるくらいの商品かどうかをチェックします。

☑ Check! 「現在のトレンド、売れ筋に沿った商品であるか」

出品商品の業界についてや出品商品の商品トレンドを考察し、トレンドやヒットする流れにあるかどうかをチェックします。トレンド、売れ筋に沿っていない場合でも、流れを変える、流れを起こすインパクトがあれば高い評価を出してください。出品商品が今のマーケットで売れる流れに乗れそうかどうかを想定してチェックします。

●過去のジャパン・フード・セレクション受賞商品の一覧

第57回	グランプリ	国産うなぎ ギフトボックス	うなぎ海雲（株式会社マイステイズ・ホテル・マネジメント　アートホテル宮崎 スカイタワー）
		甘海老しんじょう	竹徳かまぼこ株式会社
		もやしのうま鍋	株式会社久原醤油
		丹念仕込み やわもちうどん	テーブルマーク株式会社
		丹念仕込み 本場さぬきうどん	テーブルマーク株式会社
		新潟県産　大粒ごはん	テーブルマーク株式会社
		COMPHO 鶏だしスープのフォー	シマダハウス株式会社
		COMPHO チリトマトのフォー	シマダハウス株式会社
		COMPHO グリーンカレー	シマダハウス株式会社
		十六島海苔入り佃煮 茎わさび	株式会社海産物松村
	金賞	御用邸チーズケーキ	株式会社 庫や
		トースターで焼いてもおいしい焼チーズ	株式会社ナカダイ
		龍野にんにく甘辛佃煮風	株式会社播磨ライフ
		十六島 海苔入り佃煮プレーン	株式会社海産物松村
		大山豚手造りロールステーキ	株式会社ホクニチ
		飲むくず餅乳酸菌	株式会社船橋屋
		ソフトクリームミニパフェ	株式会社平井料理システム、アイスビストロヒライ
第56回	グランプリ	春日井 黒豆和三盆マドレーヌ	株式会社ルミュージャパン
	金賞	杜の都仙台名物 肉厚牛たん（塩味）	WIDEFOOD株式会社
		ロッテ 糖質オフ30%アーモンドチョコレート	株式会社ロッテ
第55回	グランプリ	ヨード卵・光 味付たまごしっとろ〜りタイプ	株式会社丸金
		十二年焼売	株式会社 たれ屋
		田奈プリン	グラン・フォーレ株式会社 セリーヌ洋菓子店
		甘熟王ゴールド	株式会社スミフルジャパン
	金賞	しじみばかが作った蜆のスープ	JAC株式会社
		桃花亭 完熟白桃ぜリー	株式会社 桃の館
		春摘み 苺アイス	ヒカリ乳業株式会社
		甘熟王バナナ	株式会社スミフルジャパン
第54回	グランプリ	完熟有機アイコトマトジュース	ナチュラルリゾート・ハイジア
	金賞	ぶっかけコンビーフ	株式会社UKAI
		青柳ういろう　ひとくち	株式会社青柳総本家
		ケロトッツォ　クリームチーズ&レモン	株式会社青柳総本家
		レーズン生食パン	アイワ広告株式会社
		マチダとろとろ生プリン	アイワ広告株式会社
	銀賞	インゴット	ビチェリン・アジアパシフィック&ミドルイースト株式会社
第53回	グランプリ	禁断のアラビアータ	バッカナール
		特濃うに醤油	株式会社MFC
		博多の味 とり皮	博多良品株式会社

第53回	グランプリ	サントリー金麦 糖質75%オフ 350ml	サントリービール株式会社
		サントリー金麦 糖質75%オフ 500ml	サントリービール株式会社
第52回	グランプリ	海外向けミニ雪見だいふく＜バニラ＞	株式会社ロッテ
		おうちパスタペペロンチーノ	株式会社ピエトロ
		おうちパスタバジル	株式会社ピエトロ
		ゆず胡椒　赤餐	株式会社MIUZ 柚商いのや。
	金賞	加賀鶴　加賀紅茶のお酒	やちや酒造株式会社
		日高昆布のロールケーキ	有限会社S.R.K
		Cacao cola カカオ生コーラ	株式会社ビオスタイル
		かに親分 知床羅臼ガニ	株式会社知床かに親分
		かに親分 たらばがに肩脚	株式会社知床かに親分
		宮城直送 宮城県産めかぶ	株式会社トリトンフーヅ
		のりたっぷり桜えびふりかけ	株式会社 磯駒海苔
第51回	金賞	デーツ なつめやしの実	オタフクソース株式会社
		しめ鯖かまぼこ	寿隆蒲鉾株式会社
		女王のミルク	春日井製菓株式会社
第50回	グランプリ	雪どけはちみつのチーズケーキ	株式会社秋田屋本店
		三和の純鶏名古屋コーチンたまごぷりん	株式会社さんわコーポレーション
	金賞	魚沼産コシヒカリ 雪椿	越後雪椿産業株式会社
第49回	グランプリ	おいしいね!! とん汁	神州一味噌株式会社
		おいしいね!! コクが自慢のとん汁 3食	神州一味噌株式会社
		サッポロ　レモン・ザ・リッチ　特製レモン	サッポロビール株式会社
		サッポロ　レモン・ザ・リッチ　苦旨レモン	サッポロビール株式会社
		サッポロ　レモン・ザ・リッチ　神レモン	サッポロビール株式会社
	銀賞	フルーティー海藻ゼリー	株式会社堀内
第48回	グランプリ	だし屋の炊き込みご飯の素　かにめし	株式会社フタバ
		だし屋の炊き込みご飯の素　鯛めし	株式会社フタバ
	金賞	ビーレジェンドWPCプロテイン ベリベリベリー風味	株式会社 Real Style
		ビーレジェンドWPCプロテイン 抹茶のチャチャチャ風味	株式会社 Real Style
		チーズかつお 90g	石原水産株式会社
		チーズかつお 245g	石原水産株式会社
第47回	グランプリ	ぎゅっと日本の野菜	JA熊本果実連
		新潟仕込み	三幸製菓株式会社
		プレミアムガーナ ショコラカレ〈濃苺〉	株式会社ロッテ
		プレミアムガーナ ショコラカレ〈濃抹茶〉	株式会社ロッテ
	金賞	プレミアムガーナ ショコラホイップ 〈ミルクバニーユ〉	株式会社ロッテ
		プレミアムガーナ ショコラホイップ 〈カカオノワゼット〉	株式会社ロッテ
		プレミアムガーナ ショコラトリュフ 〈ピスターシュ〉	株式会社ロッテ
		comexcome もっちりフィナンシェ	築野食品工業株式会社
		ヴィーガンチーズケーキ	株式会社ホテルセントパレス倉吉
		クラゲ・デ・麻辣RED	マルミ食品株式会社
		パパッとDelisala豆ミックス	ヤマサン食品工業

第8章

ジャパン・フード・セレクションの審査員の心構え

第46回	グランプリ	手詰め極上胡麻油	株式会社セサミライフ
		エクアドル産 UURUバナナ	住商フーズ株式会社
	金賞	子どももよろこぶ！肉オニマシカレーパン	株式会社なるみ食品
		ふくふくふ 小豆	株式会社福壽堂秀信
		ふくふくふ 抹茶	株式会社福壽堂秀信
		かずさ和牛ハンバーグ	有限会社かずさ和牛工房
		めで鯛 幸せの鯛しゃぶセット	西明石興業有限会社
		楽花生パイ	株式会社オランダ家
第45回	グランプリ	NISHIKIYA KITCHEN レモンクリームカレー	株式会社にしき食品
	金賞	プラチナプレミアム 飯田商店監修 しょうゆらぁ麺	マルニ食品株式会社
		NISHIKIYA KITCHEN ガーリックシュリンプカレー	株式会社にしき食品
		花ことば	株式会社柏屋
		フレッシュリーどら焼き 渋皮モンブラン	どら焼き まかな
第44回	金賞	燻製屋 熟成あらびきウインナー 90g	丸大食品株式会社
		燻製屋 熟成あらびきウインナー 380g	丸大食品株式会社
		燻製屋 熟成あらびきウインナー 630g	丸大食品株式会社
		燻製屋 熟成あらびきウインナー 北海道工場発 630g	丸大食品株式会社
		燻製屋 熟成あらびきウインナー ホワイト 85g	丸大食品株式会社
第43回	金賞	大麦ベータグルカン	有限会社 伊東精麦所
第42回	グランプリ	ザ・まるごとレモン	サントリースピリッツ株式会社
	金賞	GOLD STAR	サッポロビール株式会社
		炊き込み御膳 鶏ごぼう	江崎グリコ株式会社
		炊き込み御膳 とり五目	江崎グリコ株式会社
第41回	金賞	高級ぶどうのドライフルーツ ミックス	たけまさぶどう園
第40回	グランプリ	カレー ZEPPIN 中辛	江崎グリコ株式会社
	金賞	カレー ZEPPIN 辛口	江崎グリコ株式会社
		カレー ZEPPIN 甘口	江崎グリコ株式会社
		ZEPPIN ビーフシチュー	江崎グリコ株式会社
		出雲のおもてなし 丹波大納言小豆のお赤飯	アルファー食品株式会社
第39回	グランプリ	純和鶏もも肉	株式会社ニチレイフレッシュ
	金賞	富士の天然水 さらり	株式会社TOKAI
第38回	金賞	世界農業遺産 静岡の茶草場農法 深蒸し掛川茶プレミアム	丸山製茶株式会社
第37回	金賞	セット・ディ・ビスコッティ	ビチェリン・アジアパシフィックアンドミドルイースト株式会社
第36回	金賞	キリン・ザ・ストロング レモンサワー	キリンビール株式会社
		キリン・ザ・ストロング ドライサワー	キリンビール株式会社
第35回	グランプリ	丹念仕込み本場さぬきうどん	テーブルマーク株式会社
第34回	金賞	本麒麟	キリンビール株式会社
第33回	グランプリ	和豚もちぶた バラ	グローバルピッグファーム株式会社
	金賞	生ミルキー	株式会社不二家

第33回	金賞	ロースハム	グローバルピッグファーム株式会社
		ベーコン	グローバルピッグファーム株式会社
		和豚もちぶた　ロース	グローバルピッグファーム株式会社
第32回	グランプリ	甘熟王ゴールドプレミアムバナナ	株式会社スミフルジャパン
	金賞	甘熟王バナナ	株式会社スミフルジャパン
第31回	金賞	神バナナ	AGREVOBIO株式会社
第30回	金賞	Mi+ミタス	株式会社MiL
		美食パン GaLa ブランプレーン	株式会社One's.co
第29回	金賞	とろとろ半熟たまご　かつおだし	JA全農たまご株式会社
第28回	銀賞	フルーティ海藻ゼリー	株式会社堀内
第27回	グランプリ	山崎の水<発泡>	サントリー食品インターナショナル株式会社
	金賞	山崎の水<微発泡>	サントリー食品インターナショナル株式会社
		わつなぎ 和三盆	サントリー食品インターナショナル株式会社
		わつなぎ 黒糖	サントリー食品インターナショナル株式会社
		わつなぎ 抹茶	サントリー食品インターナショナル株式会社
		わつなぎ ゆず	サントリー食品インターナショナル株式会社
		わつなぎ 生姜	サントリー食品インターナショナル株式会社
第26回	グランプリ	丹念仕込み本場さぬきうどん	テーブルマーク株式会社
第25回	銀賞	三重県産松阪牛ハンバーグ	有限会社 宇田ミート
第24回	金賞	ふつうのたまご	JA全農たまご株式会社
	銀賞	ほたるいか魚醤	大徳醤油株式会社（販売代理店：SOIL FARM）
第23回	金賞	魚沼産コシヒカリ雪椿	越後雪椿産業株式会社
		瀬戸内大長レモンケーキ	株式会社 不二家
第22回	金賞	ロースハム	グローバルピッグファーム株式会社
		ベーコン	グローバルピッグファーム株式会社
		和豚もちぶた精肉 ロース	グローバルピッグファーム株式会社
		和豚もちぶた精肉 バラ	グローバルピッグファーム株式会社
第21回	グランプリ	甘熟王ゴールドプレミアムバナナ	株式会社スミフルジャパン
	金賞	甘熟王バナナ	株式会社スミフルジャパン
第20回	金賞	宮城直送 宮城県産めかぶ	株式会社トリトンフーヅ
第19回	金賞	のりたっぷり桜えびふりかけ	株式会社 磯駒海苔
		とろとろ半熟ゆでたまご かつおだし風味	JA全農たまご　株式会社
第18回	銀賞	丹念仕込み　本場さぬきうどん	テーブル・マーク株式会社
第17回	金賞	金筋トマトジュース	株式会社 曽我農園
		恋玉トマトジュース	株式会社 曽我農園
第16回	金賞	さける昆布	株式会社くらこん
		ねりきなこ	株式会社くらこん
	銀賞	信州銘菓 りんごのささやき	株式会社タカチホ

第15回	金賞	かに親分 知床羅臼ガニ	株式会社エバーイノベーションジャパン
第14回	銀賞	スパルタ生まれの笑ちゃん	江津コンクリート工業株式会社
第13回	金賞	薩摩甘照フルーツトマト	鹿児島高槻電器工業株式会社
	銀賞	サリナス プレミアム	九州ジージーシー株式会社
第12回	金賞	富士オイスターソース極	富士食品工業株式会社
	銀賞	包丁切り生うどん	有限会社安曇野麺匠
		信州安曇野山麓そば	有限会社安曇野麺匠
第11回	銀賞	スパイスの達人 匠味カレー〈ポーク〉	株式会社FOOD　FACTOR
		スパイスの達人 匠味カレー〈ビーフ〉	株式会社FOOD　FACTOR
		スパイスの達人 匠味カレー〈キーマ〉	株式会社FOOD　FACTOR
第10回	金賞	かに親分 たらばがに肩脚	株式会社エバーイノベーションジャパン
	銀賞	但馬牛まんじゅう	株式会社但馬寿
		信州安曇野道祖神そば	有限会社安曇野麺匠
第9回	金賞	はんなり京梅酒セット	株式会社　北川本家
第8回	金賞	三井の寿　白い梅酒	井上合名会社
第7回	金賞	超濃厚ヨーグルト酒	株式会社新澤醸造店
		百年ちくわ	鈴廣かまぼこ株式会社
第6回	金賞	チュニジア奇跡の美人油（オリーブオイル）	株式会社クイック・ヴィジョン
第5回	グランプリ	甘熟王ゴールドプレミアム	株式会社スミフル
	金賞	甘熟王バナナ	株式会社スミフル
	銀賞	絹笠もちぱい	絹笠商事株式会社
第4回	金賞	月うさぎ　ナチュラル	梅乃宿酒造株式会社
第3回	金賞	おこわの"わびすけ庵"さつまいも赤飯	株式会社ミツハシ
	銀賞	おこわの"わびすけ庵"さけと野沢菜おこわ	株式会社ミツハシ
		おこわの"わびすけ庵"山菜と3種のきのこおこわ	株式会社ミツハシ
		おこわの"わびすけ庵"鶏とごぼうのおこわ	株式会社ミツハシ
第2回	銀賞	野菜ばなし	深野酒造株式会社
第1回	金賞	超特選蒲鉾　古今	鈴廣かまぼこ株式会社
		ふんわり名人 きなこ餅	越後製菓株式会社
	銅賞	世界一長生きの村で飲まれている桃源郷のお茶カラコルムの奇跡	株式会社左近クリエイション

第 9 章

文章を書く

〜取材と原稿執筆の設計図

事実確認・裏取りの手法

フードアナリストは「食」の情報を扱うプロです。そして食の情報を発信するためには、取材をして文章に起こすことが基本となります。本章では読み手に伝わる、文章の書き方の基本をまとめていきます。

「裏を取る」ことが執筆取材の基本

　情報には正しさが第一に求められます。取材した文章の内容が間違っていると、どこかから指摘が入って炎上することがあります。よく、新聞や週刊誌では、「裏を取る」という言葉を使いますが、それは事実関係を何重にもチェックするために事実の整合性を図ることです。**「裏を取る」こ**とは執筆取材の基本ですが、実は取材した相手の話を聞いているだけではわからない、とても難しい作業です。

　例えば、新しいイタリアンレストランが京都の嵐山にオープンしたとしましょう。それがとても流行っていると、一般人のSNSで知り、「ぜひ取材させてほしい」とその一般人のSNSのアカウントに連絡を入れてやり取りを始めました。

「とても素晴らしく流行っているレストランがオープンになったと聞きました。どんなイタリアンなのか、教えていただけたら幸いです」

「そうなんです！　立地がとてもいいところで、味も美味しいんです」

「どんな場所で、どのように美味しいのでしょうか?」

「私は行ったことがないのですが、噂によると斬新なメニューらしいんです」

「斬新っていうのは、どのような感じですか?」

「えーと、なんていったらいいのか。うまく表現できないです」

「店名が書かれていなかったのですが、店名を教えてください」

「すごく長い店名なんですけど、イタリア語で書かれていて、読めなかったんですよね」

こんな情報では記事は書けません。仮に、これをもとに原稿を書くとするならば、

「京都の嵐山に斬新なイタリアンレストランがオープンしたという。味も美味しく、立地もいいということで流行っているらしい」

このような曖昧な薄っぺらの情報を与えてしまうことになります。そもそも行ったことのないお店の記事を、行ったことのない人から聞いただけでは裏取りとはいえません。また実際、現地取材へ足を運んだとしても、詰めの甘い取材では情報不足極まりない原稿になってしまいます。

掘り下げて調べることで、思い込みによる間違いを防げる

新聞記者はよく、事件などのシリアスな取材においては、「誰が、いつ、どうして、どのように」を念入りに、事実に沿って取材をします。例えば犯人の足跡から靴のサイズが29センチという裏付けがあったとしても、大きい足だから男性とは限りません。なので、その犯人の性別は男性と決めつけてはならず、取材相手にしつこいと思われようが、一つひとつの情報を確認するように事実を潰していかないといけません。

取材している人は目に見えるものを、「常識や想像力で補える」という意識があるので、曖昧な情報の確認を怠りがちです。しかし、そんな努力は人には見えるわけもなく、一般の人は自分が信じている情報を疑うことはありません。

ですので、一番大事になってくるのは掘り下げて調べていくことです。そうすることによって、自分の知らない情報がたくさんあることに気がつきます。この「無知の自覚」を書き手が持っているかどうかが、アマチュアとプロの最大の違いといっても過言ではありません。

こうした心構えの重要性は、資料を使った裏付け調査についても当てはまります。

まず、「自分はこの事実を知っている」という思い込みを捨てましょう。言い換えると、「自分がすでに知っていること」を疑うことも大切です。

例えば、鎌倉幕府ができたのは何年か知っているでしょうか。一つ前の世代は、1192年と教科書で習っています。語呂合わせがいい、「いいくに（1192）作ろう、鎌倉幕府」と覚えた記憶もあるでしょう。

しかし、最近の歴史の教科書では、このような単純な教え方はしていないようです。

1192年は源頼朝が征夷大将軍に任命された年に過ぎず、幕府はそれ以前から段階的に成立していったという考え方が主流になっているからです。

　こうした事実こそ、綿密に調べればわかってくるものですが、それまでの自分の常識を疑って調べないかぎりは、気づかない人も多いものです。この手の思い込みというのは、私たちが想像している以上にたくさんあります。

資料の信ぴょう性を確認する

　では、細かい情報の裏を取るにはどんな資料を使えばよいでしょう。肝心なのは、信頼性の高いものですが、一般的には図表のようなものがあります。

　こうした資料は、チェックの基準や手順がしっかりしており、それに携わる人も一定の知識と能力を持っていると考えられます。なので、一般に複数の人の検証を経たうえで発表されているという安心があります。

●信頼性の高い資料

お店が作成した資料
有力な一般紙や雑誌の記事
学会などで発表された正式な論文
専門家が書いた書籍

　逆に個人や、しっかりとしたチェック体制を備えていない組織が作った文書の信頼性は低いと考えたほうが無難です。誰が書いたかわからないような、ネットで検索すると出てくる情報は、裏付けには基本的には使わないほうがいいでしょう。

現場に100回、足を運ぶ

　資料でチェックする情報と並行して、現場に何度も足を運ぶことが肝心です。よく刑事も

のドラマや小説などで、「現場100回」という言葉が出てきますが、それこそ現場に足を何度も運ぶと事実が見えてくるという教訓です。

100回は大袈裟だとしても、記者やライターの世界でも現場を実際に訪れることが重要だとされています。前述しましたが、他人から聞いた間接情報やデータなどは、重要なポイントが抜けている可能性があると考えてもよいでしょう。今の便利な時代、やはりネットで手軽に集められる情報に頼ってしまいがちですが、それでわかった気になってしまうのは危険です。しかも、そうした情報は間違っている以上に、はなから事実無根のこともあります。

他にも、他人の著書や記事から引用した「第三者への著作権の侵害」もあります。その著者が信頼できる人であっても、引用部分をそのまま再引用してしまうと、「著作権の孫引き」という問題が発生します。たとえ出典を明らかにしても、引用されている部分以外の文章に信憑性が欠けていたとしたら、内容に勘違いが発生してトラブルのもとです。

他人が出した情報には、こうした問題が潜んでいることを肝に銘じておいてください。

---

 column | **ソクラテスの「無知の知」**

古代ギリシャの哲学者ソクラテス（紀元前469年〜399年）が残した言葉で最も有名なのが、「無知の知」です。「無知の知」とは「無知であることを自覚する」という意味で、そのことが、「真理を知るためのスタートラインである」と語っています。一般的に、無知は恥であると認識されがちです。しかし、それは単に「知らないこと＝未熟であること」という固定概念と、「未熟であると思われたくない」という見栄によるもの。ソクラテスが説く「無知の知」には、自分が無知であることを認めることで、他者に聞く、調べる、掘り下げるといった行動が生まれ、それがが「より賢い人になる」ための第一歩になるという意味が込められています。

現場での取材① 「メモ取り」の方法

人が求める情報とは、自分の足で取材したもの、経験したこと、当事者に取材したものなど、生の情報です。それを「一次情報」といいます。本項では取材の基本である「メモ取り」について解説していきます。

現場で取るメモは単なる記録ではない

　現場に足を運び、自分で取得する情報は大切です。その貴重な情報を忘れないように、しっかりと記録することです。では、どのように記録するのがよいのでしょうか。

　最近では、ICレコーダーやスマホ、デジタルカメラを使って録音するスタイルも増えてきていますが、今でも紙のメモは記者の大切な道具です。

　ただ、このメモの取り方は、どんな記事を書こうとしているかによって異なります。

　例えば、速報の原稿を書くのであれば、**基本的には「キーワード」や「要点」を中心に書きます。**立ち姿勢のままで取材する場合は、発言のすべてを速記しないといけません。最近では、書きながら同時にICレコーダーで録音しているので、細かい文言は書き留めなくても確認はできます。「録音するなら書かなくてもいいのでは?」という人もいますが、実はメモを取る理由は、単なる「記録」ではありません。

取材メモは原稿執筆の構成に役立つ

　取材が終わっていざ原稿を書こうとすると、何度も聞き返したり、原稿の構想を練ったりする作業が待っています。そこで、役に立つのが紙に書いたメモなのです。なぜなら、取材中に紙に書くことで、頭に記憶が刷り込まれます。さらには、「この発言は引用しよう」と思った瞬間なども出てきますので、そこはなるべく正確に書き留めましょう。その際、あまり本筋ではない内容などは、キーワードをメモするだけで十分です。また、スケジュールなどの記事では、細かい表現は書き留めなくても、「7月3日スタート」とメモしていくだけで、原稿のイメージが浮かびます。

　書くフレーズも、なるべく修飾を省き、シンプルに書き留めるとまごつきません。「店長が登壇」のように、主語と述語が最低限わかる、見出しのような並びにするのがコツです。これはのちに原稿を書く時に役立ちます。

現場での取材②　**インタビューの方法**

取材中、「人から話を聞くこと」をインタビューと呼びます。インタビュー原稿とは、特定の人が話した内容を、一問一答、あるいは一人称の語り口調などのスタイルで文章にしたものを指します。

インタビュー取材は事前準備が大切

　インタビュー原稿の基本は、事前の情報収集が成否の鍵を握ります。どんな取材でもいえることですが、特にインタビューの場合は**取材対象の基本情報を事前に調べ、限られた時間で聞ける範囲の質問の絞り込みをしておく**と、取材がスムーズです。

　一番は、公開情報として簡単に手に入る相手のプロフィールは絶対に知っておくべきです。年齢、出身地、経歴についてはマストですが、もし手に入るのであれば、過去に受けた別のインタビュー記事や取材記事も読んでおくとよいでしょう。取材相手が書いた本を最低1冊は読んで取材に臨むとよいといわれます。

　新鮮な驚きを記事に反映するため、あえて事前調査をせず、先入観を持たずにインタビューするケースもないわけではありません。しかし一般的にはすでに知られている情報よりも、自分や読者が知らない情報を引き出すことができたら、もっと最高です。そのためには、聞くべきポイントを絞り込み、「どう質問すれば相手の答えをうまく引き出せるか」という攻略法を練ってことが欠かせません。また、相手の性格や好き嫌い、話したいと感じている分野について知っておけば、インタビューの切り口にもなりますし、相手の気持ちをそそることができるかもしれません。

文章で再現するためには情報の肉付けが必要

　では、具体的な質問の仕方は、どのようにしたらよいのでしょうか。

　簡単なのは、**質問をフローチャートの形で用意すること**です。質問に対する答えが、「イエス」だった場合と、「ノー」だった場合に分けて、次の質問を複数用意するのです。もちろん、イエスやノー以外の答えもありますので、多くの質問を考えておくことが重要です。リアルタイムで質問を考えながら進めるインタビューもありますが、相手との緊張感の中で行われる取材では、その場でよい質問が浮かばないこともありますから、やはり事前に多く用

意しておくことがいいでしょう。

　初心者にありがちな失敗は、「相手がこう答えるだろう」という先入観にとらわれ、予想外の答えが返ってきた時にパニックに陥るケースです。そうならないためにもインタビューは、

・**原稿の計画を立てる**
・**引き出せそうな答えについて仮説を立てる**
・**答えを引き出すための質問案をいくつも用意する**

　これらがとても大切で、実際に質問したあとは、「答えをすぐさま検証して、次の質問を投げかける」ことを繰り返してください。

　話を聞いていて、「ここがポイントだ」と感じたら、そこをさらに掘り下げて話を聞いてみましょう。この時に留意したいのは、「より具体的な言葉」を引き出すために、質問を重ねるということです。

　インタビュー経験が浅い記者やライターは、「あ、このコメントはおもしろい」と感じると、そこで満足してしまいがちです。しかし、その場ではわかったつもりでいても、それだけを書いても読者に伝わるとは限りません。読者はインタビュアーが聞いた話のうち、ほんの一部を読むだけです。その言葉を口にした瞬間の表情や音声までは文字で再現できないので、そのおもしろさを文章で再現するためにも、情報を肉付けする必要があるのです。

　例えば、思い出のエピソードについて語ってもらう場合には、その日の天気や前後の状況なども細かく聞いておきます。そうした具体的な情景が入るだけでも、読者にイメージが伝わりやすくなります。

　インタビューは経験がものをいう作業です。何度も行っていくにつれて、コツが掴（つか）めてくるでしょう。

---

 column ｜ **取材中のメモはリスク対策に**

　記者やライターが取材やインタビューでメモを取る時は、あとで消したり書き直したりできる鉛筆は基本使いません。なぜなら、それが証拠として残るからです。食のレポートを書く際、「言った」「言わない」といったトラブルが万が一発生した場合、こうした証拠はなるべくたくさん残しておくと、リスク対策になります。

原稿執筆の準備　設計図を考える

文章に盛り込む材料（＝取材した内容）を集めたら、その次に行うのが設計図です。この設計図は、書籍でいえば構成になりますが、新聞によっては「スケルトン」と呼んだり、「アウトライン」と呼ばれています。テレビの台本や脚本では「コンテ」と呼びます。

設計図を作ることで書きたいことが明確になる

　取材した内容を文章としてまとめる作業では、必ず構成案＝設計図を作ってから進めましょう。

　設計図なしで書いたほうがラクなのではと思う人もいるかもしれません。しかし、それは大きな勘違いです。建築に例えるなら、設計図を描かずにいきなり建物を建てるくらい、ナンセンスです。もちろん、書きながら構築していく文章もあるでしょう。しかし、一つひとつの文の執筆と、複数の文を並べる構成を同時進行でこなすのは難しいことです。ベテランの記者でも長い記事を書く時には、設計図を作ります。なぜなら、そのほうが読者にとっても読みやすく、おもしろい記事に仕上がる確率が高いからです。

　インタビューなどの原稿を仕上げるのは、ほとんどの場合、そのままでは文章になりません。会話文はあくまでも話し言葉であって、場当たり的に言葉を発しているだけですので、あまり文章としては成り立っていないことが多いのです。

設計図を作る前に決める原稿要素

　ここで文章作成のための設計図の作り方を解説していきますが、その前に原稿の要素を決めなければいけません。

原稿要素①　誰が読むのかを確認する

　そもそも誰が読むのか、何のために書くのかなど、文章の全体像を確認しましょう。

SNS用なのか、雑誌や新聞に載せるのか。それらの読者像は設計図を書く前に必要になります。また、それによって文体や言葉使いなどを、読み手に合わせることが重要です。よい文章とは、「読み手にとって読みやすい」文章だということを念頭に置いて書きます。

原稿要素② 書く目的を考える

書く目的はひとつに絞ることもポイントです。そもそも読者を楽しませる、読者にとってためになることが基本ですが、自分の主張を伝えて読者の考えを変えたいという目的（行動変容）もあります。

よくある間違いは、自分にとっての目的と、その文章自体に与えられている役割を混同することです。ビジネスとして特定の相手を納得させるためだけの文章でしたら、その特定の相手だけに読ませる内容でなくてはなりません。しかし、最終的な目的が不特定多数の読者のための情報共有だとするなら、みんなが理解できる書き方が好ましいでしょう。

原稿要素③ 文字数はどのくらいか

雑誌や新聞、WEB記事などの多くの場合、発注者から「どのくらいの文字量で書いてください」という字数指定が入ります。そうでない場合でも、自分で大まかな文字数を決めておいたほうがいいでしょう。なぜならば、文字量を決めておくと設計図を作る段階で、手元にある材料から何を取捨選択すればいいのか、決める手がかりになるからです。字数に制限があることで、最も言いたいことを選択した“締まった文章”になります。

原稿要素④ 締め切りを守る

締め切りは発注者の都合で決まっている場合がほとんどです。ただ、そうでないケースでも、「自分の締め切り」を設定する習慣をつけておくとよいでしょう。というのは、限られた時間で、自分がどのくらいの執筆スピードで完成まで持っていけるかの訓練になるからです。この分量ならこのくらいの時間で書けるという自分の能力を知っておくと、執筆の技術も上がります。

原稿要素⑤ 文体を決める

文章を書く前に、「です・ます調」か、「だ・である調」か、といった文末表現や、「私」「僕」「筆者」などの人称を決めていく必要があります。こうした文体は、「書き手についてのイメー

ジ」や「書き手と読み手の関係」をコントロールする手段でもあります。

「です・ます調」の文章は、丁寧なイメージ、真面目で優しい印象を与えます。

一方の「だ・である調」は、格式張ったイメージを与えます。評論家や政治家など、強い言葉で物を申す際にも、この口調で文章を書くケースが多いようです。

文章を読む時、読者は筆者がどんな人物か知らない場合でも、無意識に語り手をイメージします。実際に会話をしているように感じ、書いた相手と自分の関係を連想することもあります。例えば、「だね」とか「ですよね」などで終わる文章の場合、いかにも筆者が語りかけてくるように親しみがわくという人も多いようです。

自分がその文章で読者にどう語りかけるのか。伝えたいイメージを決めるためにも最初に文体を決めることをおすすめします。

簡単な設計図の作り方

原稿執筆のための要素が整ったら、次は実際に設計図を作ってみましょう。取材した原稿には、読み手、取材相手、書き手のあなたのそれぞれの思いが盛り込まれます。設計図作成の際もそのことを忘れずに作っていきましょう。

設計図は、A4用紙1枚にまとめるのが基本です。パソコンの文書作成ソフトのレイアウトで文字数の設定ができますので、わかりやすく35字×35行の字組で設定すると、設計図1枚で2500文字くらいまでの原稿には対応できます。手書きのほうがアイデアが浮かびやすい人は、それでも構いませんが、最近は手書きを掲載する媒体がないので、パソコンで原稿を書くことを推奨します。

●5W1Hの組み立て方

①When … いつ（時間）／ Where … どこで（場所）	When（いつ）Where（どこで）をまず書くことで、時間と場所が明確になり、その先の内容が頭に入りやすくなります
②Who … 誰が（主体）／ What … 何を（物・行動）	次にWho（誰が）とWhat（何を）を伝えることにより、結果が明確になります。次に説明する過程の前に結論を持ってくることで、伝えたいことが明確になります
③Why … なぜ（理由）／ How … どのように（手段）	最後にWhy（なぜ）、How（どのように）を書きます。どのようにその結果に至ったのか過程を説明していきます

設計図には、次の3つの項目を盛り込みます。

原稿作成の設計図① 仮見出し

原稿の趣旨を端的に表したフレーズのことです。その内容に沿うように原稿を書く、いわば「執筆の指針」です。およそ15〜20字ほどで作成します。

原稿作成の設計図② 要約、要旨

仮見出しが決まったら、それを元に文章の要旨を書きます。字数はおよそ150〜200字くらいにまとめるとよいでしょう。要約は仮見出しと同じく、それを読めば文章の大まかな内容がわかるようにします。主要な「5W1H」を盛り込むんでおく必要もあります。

原稿作成の設計図③ 本文の構成

本文の構成には多くのバリエーションがあり、用途や長さ、与えたい印象などによって変わってきます。ただし、基本的なパターンはそれほど多くはありません。さまざまなタイプの記事を書く新聞記者も、頭に入れている基本パターンは図表のように4つといわれています。

すべてをこのパターンで書くわけではありませんが、構成に迷った時のために覚えておくとよいでしょう。

●本文の構成4つのパターン

逆三角形	重要なことから先に説明していく手法です。ニュース記事やプレスリリースのように、忙しい読者に情報を効率よく伝えるのに適しています
2、3部構成	序論、本論、結論の3つのパートに分ける構成です。見解とその根拠を示す必要がある論説や解説を書くのに適しています
起承転結	冒頭で読み手の気を惹き、最後まで飽きさせないことを目的とした展開の手法です。起は「印象的なエピソード」、承は「問題提起」、転は「別視点の紹介」、結は「結論、主張」で、コラムや短めの読み物に応用すると、メリハリのある文章になります
起承展転結	起承転結の応用で、展は「論証」になります。基本的な狙いや構造は、起承転結と似ていますが、原稿用紙1〜2枚程度の随筆やコラムに向いています。また、新聞記者が「長尺モノ」と呼んでいる特集の長い記事やルポなどを書くときは、この基本形に手を加えて作成するようです。もとは、アメリカの経済紙「ウォール・ストリートジャーナル」が編み出したスタイルともいわれています

文章を書く① 粗原稿をつくる

設計図ができたら、実際に文章を書く作業へと入ります。その際は臆することなく、どんどん進めていきましょう。文章を書くことに慎重になったり、臆したりする必要はありません。設計図に沿って、まずはすらすら文章を並べていく感覚でよいのです。

粗削りの文章を整え、磨いていく

　設計図（構成）ができあがったら、とにかくざっと書いてみることです。ざっと書くことは、プロの記者やライターでも行う、執筆する際の決まりといえます。

　きちんと書かないといけないという心配は無用です。書き始めた段階では荒削りでも、読み返して修正を繰り返していくことで、完璧な文章に仕上がっていくものです。**まずは書くことです。**文章を苦手とする人からは、「一文一文をじっくり吟味しながら書いてしまうので、途中で頓挫してしまう」という話もよく聞きます。しかし、文章の良し悪しを決めるひとつには、「単語がうまく並んでいること」「文がうまく並んでいること」の構成があります。言い換えれば、並べるべき単語や文が、ひと通り目の前にあったほうが執筆しやすく、断然スムーズです。

　ある程度仕上がったら、今度は**声に出して読んでみましょう。**読者がどの部分を読みにくいと感じるかを検証するには、書いた本人がいったん第三者目線に立って、読んでみる必要があります。実は、自分の文章を客観的に観察するのは意外と難しいものです。そこで声に出して読み返すのです。

　その際のポイントは、いったん**頭をクールダウンさせる**こと。文章を書き上げた直後には、書いた内容や順序がはっきりと残っていますし、思い入れもあります。執筆作業で疲れも出ているだろうし、どこか休みたいという気持ちもあるでしょう。そこで、コーヒーブレイクを入れるか、時間がまだある場合は、ひと晩置いて、一度頭をリセットします。

　また、しっかりと声に出すのがポイントです。黙読ではなく、小さな声でもいいので自分の耳に届くように読んでみることです。この時に詰まる箇所や読み間違える語句、何度も読み直さないと理解ができない文章などがわかるからです。そうした部分には、印をつけておきましょう。

　こうして読みにくい箇所がわかってきたら、そこを推敲して文章を完成まで仕上げていきます。

文章を書く② **推敲する**

原稿を執筆したら、それで終わりではありません。むしろ半分の折り返し地点ぐらいでしょうか。原稿を推敲する作業がとても重要です。事実確認や誤字、脱字は当然のこと、読者が読みやすい文章になっているか、チェックする必要があります。

文章を読みやすくする3つのポイント

本項では書き上げた原稿や文章を読みやすくするためのポイントを解説していきます。

まずは読みやすい文を書く3原則です。

①1文は40文字以内、最長でも60字以内でまとめる。

②説明・主張したいことは、1文につき一つに絞る。

③受け身形（受動態）を使わない。

新聞記者はこの3つの原則を意識しながら書いているといいます。ぜひ、参考にしてください。長い人名や地名が出てきたり、あるいは文字数を減らすことで文章の意味が通じなくなっては本末転倒ですので、無理をして守ろうと構える必要はありません。これはあくまでも「原則」ですので、覚えておくと便利です。

ダブっている表現、文を削ぎ落とす

ダブっている表現は文章が長く、まどろっこしい印象を与えます。

わかりやすい例えとして使われるのは、「頭痛が痛い」「馬から落馬する」「死んでも死守する」など。これらは一般的なダブり例としてよく挙げられるので気がつくでしょう。問題は、気がつかないようなダブり表現です。

・削った部分を削除した→「削った」と「削除」

・画像に不適切な加工を加えた→「加工」と「加えた」

・今現在、彼は海外で働いている→「今」と「現在」

一見、文脈が通っているように思えるものでも、ダブっているケースがあります。

・こうした行動は、新しい企画にそのまま直結する

微妙にニュアンスが被っているパターンもあります。「そのまま」と「直結する」が同じ意味ですので、

・こうした行動は、新しい企画にそのまま結びつく

　　としたほうが違和感のない文章になります。

　他にも、同じような意味合いの単語や文が続いた時や、わかりきった主語や修飾語などの不要な部分を削ると文章がスッキリします。

接続詞をたくさん使わない

　新聞や書籍を読んで、接続詞があまり使用していないことに気づきます。

　新聞記者は新人時代に、「さらに」「したがって」といった接続詞を使わずに文章を書くように訓練されます。単純に、「文を短くする」というメリットだけでなく、より重要なのは、接続詞を使わずに書くと、文章の流れを意識するようになるからといいます。

　接続詞なしですんなり読める文章は、論理展開が自然で、読み手にとっても流れがスムーズに感じられるのです。

　「接続詞を削ってみる」作業をすると、文体をスッキリさせると同時に、文の流れをチェックすることもできます。

句読点の打ち方

　文章の途中に打つ「、」を読点、最後に打つ「。」を句点といいます。特に読点については、「どこに打つかを意識したこともない」という人もいるでしょう。

●読点の打つ場所

文頭の接続詞の後	一方、彼女は地方へ取材に行った。
	そして、そのレストランが大流行した。
	また、日本のお惣菜は海外でもウケている。
漢字やひらがらが続いている箇所	餃子店はSNSで話題になったようで、ますます大盛況だ
	今週末、漢方レストランへ行ってみるつもりだ
語句の列記	トマトも、きゅうりも、にんじんも、キャベツもすべて買った

句読点の役割は、文章を読みやすくし、記事の内容を正しく伝えるためのものです。息の切れ目や読みの間を考えてつけますが、前述した「文は40字以内、長くても60字以内で書く」という原則に沿うならば、40字を超える文章では、少なくともひとつは句点を打って区切ったほうがよいでしょう。長い文は分割すればいいのですが、どうしても1文で書かなければいけないケースが出てきます。そういう場合は、文の関係や区切りを読者に伝えるために読点を打つのです。

　そこで基本となる読点の打ち方を前ページの図表にて説明しました。

　それ以外では、原則として「声を出して読んだ時、言葉を区切る場所」に打ちます。読み上げて違和感のある箇所、文字が続いてごちゃごちゃしている感じがある箇所には、読点が必要です。

　打ちすぎもよくありませんが、打たなすぎても読みにくいので、文章のリズムを考えながら、句読点を活用してみましょう。

---

 column ┃ **ナリチュウの秘密　食レポの終わりの文例**

　文章を書いていて、「最後の締めくくり」が決まらなくて悩んだ経験はないでしょうか。書くべきことは書いているのに、最後の文が思い浮かばないのはよくあることです。

　こうしたケースに備えて、とりあえずの「定型文」を思えておくと便利です。具体的には、「〜することが期待される」「今後も紆余曲折（うよきょくせつ）が予想される」といったフレーズが代表的です。

　しかし、こうしたフレーズは、新聞記者の間では、「成り行きが注目される」という言葉、「ナリチュウ（成り注）」と呼ばれ、ありきたりなイメージにもなってしまう懸念がされます。どんな記事でも「ナリチュウ」で締めればなんとかなるという紋切り型の表現で締める時代は古く、そもそも文章の構成が自然な流れであれば、なくてもいいケースがほとんどです。

　ただ、執筆時に「とりあえず締めの言葉を入れて次に進みたい」という時に使う言葉を持っておくと便利です。推敲の段階では修正することを前提に、次のような終わりの文を用意しておくこともコツのひとつです。

【締めの定型文】
今後も活躍が期待される。
これから注目されていくでしょう。

Chapter 10

第 10 章

食レポをするための
基礎知識

食レポで伝えるべきこと　美味しさの構造とは

食レポの目的は「美味しさ」を、言葉を使って伝えることです。そのためには美味しさとは何かを理解しておかなければいけません。美味しさには個人差があり、100人いれば100の美味しさがあるといわれるほど、個人の好みや趣向によって基準は変わります。

美味しさは複合的から成る

味覚は科学的事象であるとともに、その表現は食の文化の表現でもあります。食文化とは食の評価の蓄積です。そして食の評価をする専門家として、フードアナリストの存在があります。

基本的な味覚認識については、民族によって違いがあります。民族や国、地域やコミュニティにより多様に洗練されて、味覚の領域を形成しています。そのため言語文化、食事文化と関連

しながら、味覚の表現の体系化されてきました。

「美味しさ」はそれが表現された時、正確であると同時に、修辞や誇張を伴いながら、生き生きとした生命を持った1つの世界となります。

料理や食品は「総合芸術」であり、「瞬間芸術」です。そして美味しさの表現は、料理・食品という芸術を評価する、大切な手段だと考えます。そのため、美味しさの表現が豊かで正確であることは、食文化にとって最も大切な要因なのです。

あなたの美味しさは、あなただけのものです。その**あなただけの美味しさを、誰かに「豊かに」「正確に」伝える作業が食レポです。美味しい物を食べる「楽しさ」や「嬉しさ」「幸せ」をしっかりと伝える知識と技術が、フードアナリスト学です。**

4級教本である『「食」情報インフルエンサーの教科書』（徳間書店）にも掲載した「食べ物の美味しさを形成する要因」の表をもう一度確認してください。

●食べ物の美味しさを形成する要因

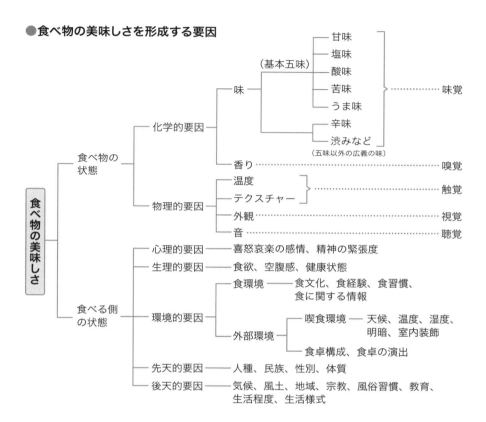

　食べ物の美味しさは、まず「食べ物の状態の美味しさ」と、「食べる側の美味しさ」に分けられます。詳しくは『「食」情報インフルエンサーの教科書』を読んでほしいですが、人が「美味しい」と感じる感覚は、たくさんの複合的な要因があるということをもう一度確認してください。食は命であり、命は食です。「グルメ」「美食」のひと言で済まされるほど簡単な話ではありません。フードアナリストが追求し、表現する食は「命」そのものであり、「グルメ」や「美食」ではありません。

　あなたが感じた「美味しさ」を伝える難しさ。このことをまずは感じてください。

　特に「味」と呼ばれる美味しさの要素については、先進国と発展途上国では大きく異なります。

味とは「基本五味」と「広い意味での味」に大きく分けられます。

広い意味での味は、えぐみ、辛さ、渋み、コク味、脂肪味、金属味、アルミニウム味、カルシウム味など基本五味に入らない味を指します。

舌の味蕾で感じることができる「基本五味」があり、「広い意味での味」があり、そして香りや匂いの「風味」があります。そしてテクスチャー、外観、音などの「食味」があります。

美味しさには「食味」の他にも、記憶や食事環境、食べた時の心身の状態などにも影響されます。

●基本五味とシグナル

基本五味	シグナル
酸味	代謝を促進するシグナル
苦味	毒物、有害物の警告シグナル
旨味	タンパク質のシグナル
甘味	エネルギー源としての糖のシグナル
塩辛味	体液バランスに必要なミネラルのシグナル

●代表的な五味以外の味

代表的な 五味以外の味	説明	食べ物など
渋み	渋柿や濃い紅茶の渋味。タンニン酸やカテキン類の作用による口腔粘膜の収斂感が主な感覚	渋柿、濃い紅茶
辛味	香辛料（スパイス）の味。独特の嗅覚と口腔粘膜の痛覚や温覚、そして味覚の複合された感覚	トウガラシ
えぐみ	あくが強く、喉をいらいらと刺激する味。味覚とそれ以外の感覚の複合した味	里芋、タロイモ
金属味	金属味を生じさせる重金属は、膜表面に結合するイオンとしての刺激効果の他、タンパク質にも強固に結合するので、味覚受容器を非特異的に刺激した味覚感覚と考えられる	味覚障害など
電気味	舌表面を陽極性に直流通電した時に生じる味覚。やや金属味に近い。五味の複合味も	電気味覚フォーク、器など

食レポは「五感」で表現する

食レポをする時には、「基本五味」「広い意味での味」「風味」「食味」の4つの表現力が問われます。単なる「美味しい！」というだけの食レポにならないためのテクニックを解説していきます。

食レポの最終目的は伝えるのではなく、行動変容を促すこと

　フードアナリストは、「美味しい」「秘伝のタレ」「隠れ家」が3大禁止ワードとしています。あまりにも便利な言葉過ぎて、何も伝わらない言葉になってしまうからです。どのように「美味しい」のか、「秘伝を生み出す技術や知識」「どのようなシチュエーションだから隠れ家だと思ったのか」を伝えることが大切です。

　レストランの料理を紹介する時、食べて美味しかった食品を紹介する時、やはり読者や視聴者は「どんな味だったのか」について詳しく知りたい欲求が強くなります。

　フードアナリストは、食レポのプロです。

「美味しかったです」だけでは、伝わる食レポにはなりません。

　そしてさらにいえば、プロは伝えるだけでは物足りません。

　食レポによって、「実際に買ってもらう」「実際に行ってもらう」「問い合わせてもらう」ところまで持って行くことが期待されています。フードアナリスト＝情報発信のプロには見た人、読んだ人の行動変容が期待されています。

「実際に買ってみた」「実際に行ってみた」という人が増えれば、食レポの依頼が増えます。

　食レポは「食べたものの美味しさ」を表現し、見た人、読んだ人に「伝えて」「行動変容を促す」ことが目的です。

「ここのピザ、美味しそう」なら表現して伝えるだけですが、「今度、このピザを食べに行こ

う！」と行動変容（実際に読み手を動かす）ような食レポをしましょう。お金を出して食レポを依頼するクライアント（食品メーカー、飲食店）やメディアは、必ず成果（売り上げ増、来店者増、視聴率やアクセス数増）を期待して依頼をしています。

食レポは五感を使ったレポート

　一番短い食レポは、「味」のところだけをフォーカスして伝えます。

「この料理はどんな味だったのか」

「このプリンの味はどんな味がするのか」

　をわかりやすく伝えます。

　食レポでの味とは「基本五味」「広い意味での味」「風味」「食味」の4つを指します。

　テレビやYouTubeでの食レポと、雑誌やWEB媒体に書く食レポは少し違いますが、基本的に見た目（食味）、食べた時の食感（食味）、音（食味）、温度（食味）、それから香り・匂い（風味）も含めてレポートするのが基本です。

食レポは五感を使ってレポートします。

　この章では食レポを、「食前感」「食中感」「食後感」の3つに分けて、食レポについて見ていきたいと思います。

●食べる流れによる食レポの違い

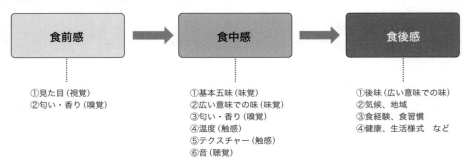

150

食レポの極意① 「食前感」をレポートする

食べる前の食品の見た目、料理の盛り付け、レストランの雰囲気、香りや匂い、シズル感なども食レポの重要なファクターとなります。ここでは「食前感」の食レポについて、解説していきます。

食べる前の"見た目"で何を伝えるか

[食前感を伝える①] **見た目（視覚）**

食レポのスタートは、その料理や食品の「見た目」を伝えるところから始まります。

食前感の中心は「見た目」です。どんな色なのか、形はどうなのか、大きさはどれくらいなのか。料理（食品）そのものだけでなく、皿や器、食品ならばパッケージなどの見た目についてもレポートします。カレーパンや肉まんのように中身が見えないものなら、割ってしっかり中を見せながらレポートします。

レポートする時のポイントは、「光と色彩の表現」と「形についての表現」に大きく分けられます。

光と色彩の表現

[色] [透明度] [明暗・濃淡]

色とは、どのような色に見えるか、その料理がどのような色をしているかをパーツごとに表現します。赤、青、紫のような単純な色だけでなく、モスグリーンやインディゴブルーのような海外の色表現、茜色や新橋色、亜麻色のような和の色表現ができれば、食レポとしてのクオリティが上がります。

いずれにしても、正確な色表現が大切です。フードアナリスト1級では、52色の和の色について正確な識別テストが必須になっています。

厳密には、色相・彩度・明度というような区分も必要ですが、食レポの段階ではそこまでは必要ありませんので割愛します。

　見た目（視覚表現）をレポートするには色だけではなく、透明度を表す表現もあります。「透明感のある色合い」「透明に澄んだ」「無色透明な」などと使います。爽やかでクールな印象を表現します。反対語には、「濁った」「どんよりとした」「よどんだ」などがあります。

　第一印象が「明るい」か「暗い」、「濃い」「淡い」も、見た目をレポートする際に大きな要因となります。明るい印象に見えたら、「明るい」や、明るいから連想される「元気いっぱいの」「太陽の光をいっぱいに浴びて育った」「軽やかな」「華やかな」「輝く」「鮮やかな」などを使います。

　「暗い」は、「落ち着いた」「ミステリアスな雰囲気を持っている」「安心感を与えてくれる」「何か惹かれる魅力を醸し出している」、「淡い」は「ほのかな」「薄い」「淡麗」「薄口の」「うっすら」などの表現を覚えておくとよいでしょう。なるべくポジティブな言い方に置き換えてレポートするのがポイントです。

形についての表現

[形態][大小][次元]

　形態は、形の輪郭についての表現でレポートします。食べる前に見た時、どのような形をしているかを表現します。「丸い」「四角い」「正三角形の形をした」など。さらには「十五夜のお月さんのような」など表してもよいでしょう。

　大きいか小さいかについてのレポートが必要です。自分にとって、量が多いか少ないか、ちょうどいいのか。正確であればあるほどプロです。フードアナリストの7つ道具の1つである「巻き尺」を使って正確な長さを計っても可。何回か巻き尺で計っていたら、計らなくとも正確な長さがわかるようになります。

　ピンポイントで「大きい」だけではなく、どのように大きいのかを次元を使って表現します。料理に使われている皿や容器を表現する時にも使います。形態や大小の表現の補完的に使います。

・**垂直表現**…深さ、厚みがある、深みがあるなど

・**横表現**……横幅、広がりについての表現

・**奥行き**……奥行きがどれぐらいなのかの表現

食べる前の香りや匂いをいかに伝えるか

食前感を伝える② 匂い・香り（嗅覚）

　次は嗅覚を使った風味についてのレポート方法を解説します。読者や視聴者に香りを想像しやすい表現でレポートします。

　食レポの食前感においての匂い・香りは、食べる前にどのような匂いがしたかです。匂い・香りは、とかくすぐに忘れるもの。その場でレポートするのでないのなら、必ずメモしておき

ましょう。匂い・香りを表現する際には「●●に似た匂い」というふうに、似た香りのものをメモしておきます。

　香りには世界共通の表現方法はないといわれています。一般に使われる言葉で、直接に

●食前感における食レポの表現方法

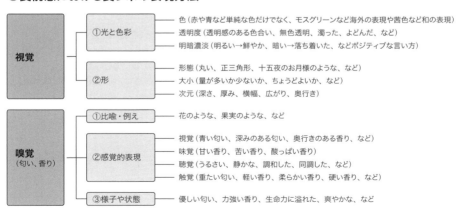

視覚	①光と色彩	色（赤や青など単純な色だけでなく、モスグリーンなど海外の表現や茜色など和の表現） 透明度（透明感のある色合い、無色透明、濁った、よどんだ、など） 明暗濃淡（明るい→鮮やか、暗い→落ち着いた、などポジティブな言い方）
	②形	形態（丸い、正三角形、十五夜のお月様のような、など） 大小（量が多いか少ないか、ちょうどよいか、など） 次元（深さ、厚み、横幅、広がり、奥行き）
嗅覚 （匂い、香り）	①比喩・例え	花のような、果実のような、など
	②感覚的表現	視覚（青い匂い、深みのある匂い、奥行きのある香り、など） 味覚（甘い香り、苦い香り、酸っぱい香り） 聴覚（うるさい、静かな、調和した、同調した、など） 触覚（重たい匂い、軽い香り、柔らかい香り、硬い香り、など）
	③様子や状態	優しい匂い、力強い香り、生命力に溢れた、爽やかな、など

嗅覚を表す言葉は、「よい匂い」「芳しい」「香ばしい」「臭い」「鼻にツーンとくる」くらいで、あとは比喩や嗅覚以外の五感（視覚、味覚、聴覚、触覚）や情感を表す言葉を用いた比喩表現が多いようです。

●香りや匂いの表現方法

香りを何か他のものに例える表現
花のような、果実のような（フルーティーな香り）、金木犀の花のような、チョコレートの香り、ブランデー臭、檜の様な匂い、柑橘系の匂い、木香のような、シナモンのような、香辛料のような、コリアンダー臭、けもの臭、青臭い、苔むした匂い

感覚的な言葉を使った表現	
視覚的表現	青い匂い、緑の匂い、深みのある匂い、奥行きのある香り、まろやかな匂い、角ばった匂い
味覚的表現	甘い香り、苦い香り、酸っぱい
聴覚的表現	うるさい、静かな、調和した、同調した
触覚的表現	重たい匂い、軽い香り、柔らかい香り、硬い香り
様子や状態を表す言葉を使った香り表現	優しい匂い、優雅な、デリケートな、セクシーな、スポーティーな、お洒落な、新鮮な、マイルドな、力強い香り、女性的な、男性的な、生命力に溢れた、若々しい、爽やかな、快い、粉っぽい匂い

 column │ **香りの表現「アロマ」と「フレーバー」の違い**

香りの表現で「アロマ」という言葉もよく聞きますが、言葉の意味としては「香り」と同じ意味です。食べる直前での匂いには、料理から立ちのぼり食欲をそそる香りがあります。香りは一般的に、匂いを上品に表現したもので、匂いではなく、香りのほうが、聴き心地がよいでしょう。

また、同様に「フレーバー」という言葉もあります。フレーバーは英語の「Flavor」で、風味や香味という意味です。しかし、このフレーバーは食品の香り、味、食感など口に入れた時に生じる感覚をまとめていう言葉。つまり、口に含んだ食べ物の香りが揮発し、鼻腔内を通って嗅覚として感じるものです。そのため、食前感ではアロマ、食中感ではフレーバーと匂いや香りの表現を使い分ける必要があります。

食レポの極意② 「食中感」をレポートする

食中感とは、食べている最中に感じたこと。食前感が見た目と匂い・香りが中心だったのに対して、実際に食べてみてどうだったのかをレポートします。いわば、食レポの核心の部分です。

口に入れて味、香り、温度、触感を伝える

食中感を伝える① 基本五味（味覚）

　視聴者や読者が知りたいのは、「どんな味なのか」という点。味の中心は基本五味です。基本五味とは、酸味、苦み、旨味、甘み、塩から味の5つを指しますが、それらを単独で使っても食レポにはなりませんので、他の表現と組み合わせて使います。

食中感を伝える② 広い意味での味（味覚）

　基本五味をしっかり伝えることができれば、次は「広い意味での味」の表現です。
「渋み」「辛味」「えぐみ」「金属味」「電気味」「コク味」などが有名ですが、マウスが好むとされるカルシウム味や熱味、冷味など数多く存在します。特に「辛味」は、カレーやチゲ、麻婆豆腐など病みつきになる味の1つとして愛好家も多い味です。

食中感を伝える③ 匂い・香り（嗅覚）

　実際に食べて、匂ってきた香りについてレポートします。匂い・香りの表現の分類については食前感と同じですが、食中感の匂い・香りは、料理や食品の素材由来のものも多く、微妙に香る匂いも多くあります。注意深く嗅いで表現しましょう。

食中感を伝える④ 温度（触感）

　肌感覚として、「熱い」「冷たい」「生温かいのか」の温度感覚も大切な食レポの要素です。単純に「熱い」「冷たい」だけでなく、比喩表現と組み合わせることで臨場感が増します。

食中感を伝える⑤ テクスチャー（触感）

　食レポにおいて、五味、広い意味での味、匂い・香り、温度と同じくらい大切なのがテクスチャーです。テクスチャーとは、「食材の物性的特性」を指します。

その料理や食品が「どのような様子なのか」「肌感覚ではどうなのか」をレポートします。

食中感を伝える⑥ 音（聴覚）

食感や歯ざわり、噛みごたえなどを音で表現します。

- **食べている様子が感覚的に静かな様**…そーっと、静かに、安らかな、ほのぼのと、ほっこりと、自己主張のない、のんびりとした
- **食べている様子が感覚的に騒がしい様**…けたたましい、うるさい、騒騒しい、がさがさした、自己主張の強い、かしましい、響き合う、ハーモニー
- **擬音**……こりこりとした歯ごたえの、モチモチの食感の、パリっとした、じゃりじゃり、サクサク、さっくり、ほわんほわんの、など。

●食中感における食レポの表現方法

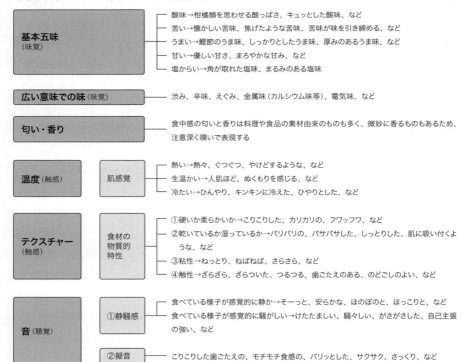

基本五味 （味覚）		酸味→柑橘類を思わせる酸っぱさ、キュッとした酸味、など
		苦い→懐かしい苦味、焦げたような苦味、苦味が味を引き締める、など
		うまい→鰹節のうま味、しっかりとしたうま味、厚みのあるうま味、など
		甘い→優しい甘さ、まろやかな甘み、など
		塩からい→角が取れた塩味、まるみのある塩味

広い意味での味（味覚）		渋み、辛味、えぐみ、金属味（カルシウム味等）、電気味、など

匂い・香り		食中感の匂いと香りは料理や食品の素材由来のものも多く、微妙に香るものもあるため、注意深く嗅いで表現する

温度（触感）	肌感覚	熱い→熱々、ぐつぐつ、やけどするような、など
		生温かい→人肌ほど、ぬくもりを感じる、など
		冷たい→ひんやり、キンキンに冷えた、ひやりとした、など

テクスチャー （触感）	食材の 物質的 特性	①硬いか柔らかいか→こりこりした、カリカリの、フワッフワ、など
		②乾いているか湿っているか→パリパリの、パサパサした、しっとりした、肌に吸い付くような、など
		③粘性→ねっとり、ねばねば、さらさら、など
		④触性→ざらざら、ざらついた、つるつる、歯ごたえのある、のどごしのよい、など

音（聴覚）	①静騒感	食べている様子が感覚的に静か→そーっと、安らかな、ほのぼのと、ほっこりと、など 食べている様子が感覚的に騒がしい→けたたましい、騒々しい、がさがさした、自己主張の強い、など
	②擬音	こりこりした歯ごたえの、モチモチ食感の、パリッとした、サクサク、さっくり、など

食レポの極意③ **食後感をレポートする**

食後感は食べ終わった後の感想という意味ですが、食べている途中であっても、食レポを
まとめ総括する言葉で締めくくります。食レポの最後となる可能性が高いため、余韻や感動、
結論付けとなる重要なパートです。

食べたあとの余韻を伝える

　食後感とひとことでいっても、ひと口
味わったあとなのか、完食したあとなの
かによって異なります。前者であれば後
味やのどごしですし、後者であれば胃も
たれや胸やけなどでしょう。ただ、お客
がその料理や商品をリピートする大きな
要素の1つは、「食後感」といわれていま
す。なぜなら、最終的に1人前を完食して、
味やボリューム、コストなどを意識する
から。

　前述したように、食レポにとって、リピートさせる、行動変容を促（うなが）すのは大切な目的です。
食レポとの締めとなる「食後感」について、どのように伝えたらよいか見ていきましょう。

食後感を伝える① 後味

「後味」が悪い、というように「後味」とは飲食のあと口の中に残る味のこと。どちらかと
いえば、残り香や風韻（ふういん）に近いもので、"味わい"ともいえます。
　知的で上品な後味、超クリアで爽（さわ）やかな後味、滋味（じみ）に溢（あふ）れ味わい深い後味、くせになり
そうな贅沢（ぜいたく）な後味など。

食後感を伝える② 気候・地域

　食後感は、食べ終わったあとの感想ですので、四季や地域についてのコメントを追加した
ほうが共感を得やすい場合が多いようです。
　寒さ厳しい冬のこの季節に嬉しい（季節）、京都盆地特有の蒸し暑い夏の夜だからこそ（地

域）など。

食後感を伝える③ 食経験・食習慣

　食レポーターが子どものころに経験した食経験や食習慣の想い出をコメントします。

　亡くなったおばあちゃんがお盆になると必ず作ってくれたずんだ餅

　若いころ3日間、何も食べられず、やっとバイトで稼いだ金で食べたチャーハン

　子どものころ、母が作ってくれた懐かしい味

　など。

食後感を伝える④ 健康、生活様式

　栄養や健康、日常に密着した生活についてのコメントです。ダイエットや糖質カット、脂肪やコレステロール、プリン体など栄養や健康について。「残業続きで晩ごはんが深夜になるという人には嬉しい●●です」「深夜に食事をしがちで朝食べられない人にも」などの生活様式を例に取ってコメントします。

●食後感における食レポの表現方法

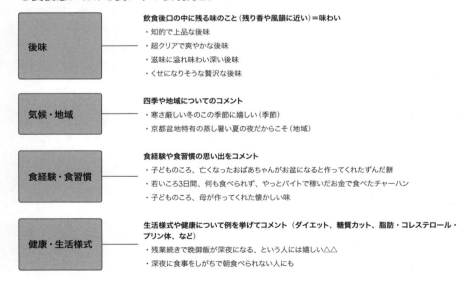

後味	飲食後口の中に残る味のこと（残り香や風韻に近い）＝味わい
	・知的で上品な後味
	・超クリアで爽やかな後味
	・滋味に溢れ味わい深い後味
	・くせになりそうな贅沢な後味

気候・地域	四季や地域についてのコメント
	・寒さ厳しい冬のこの季節に嬉しい（季節）
	・京都盆地特有の蒸し暑い夏の夜だからこそ（地域）

食経験・食習慣	食経験や食習慣の思い出をコメント
	・子どものころ、亡くなったおばあちゃんがお盆になると作ってくれたずんだ餅
	・若いころ3日間、何も食べられず、やっとバイトで稼いだお金で食べたチャーハン
	・子どものころ、母が作ってくれた懐かしい味

健康・生活様式	生活様式や健康について例を挙げてコメント（ダイエット、糖質カット、脂肪・コレステロール・プリン体、など）
	・残業続きで晩御飯が深夜になる、という人には嬉しい△△
	・深夜に食事をしがちで朝食べられない人にも

第 11 章

読む人に伝わる
食レポ文章術

レストランの食レポは 「環境」「内装」「サービス」「料理」

食レポは料理のみに目が行きがちです。ただし料理だけが、「レストランの美味しさのすべてだ」とも言い切れないところが食の素晴らしいところです。料理だけでなく、食に関するすべてを伝えるのが食レポです。

読んだ人が行ってみたくなることが、レストランの食レポの使命

　高級なレストランであればあるほど料理そのものよりも、接遇やホスピタリティのクオリティの高さが評価されています。景色や調度品、カトラリーや容器の素晴らしさも、レストランにおける「美味しさ」に含まれます。

　食レポの目的は「美味しさ」「素晴らしさ」を読者に伝え、行動変容を促すことです。**レストランの魅力をレポートするには「料理」についてだけでは物足りません。**

　レストランを紹介する食レポ記事を書く場合のポイントについて見ていきましょう。

　フランスのミシュランやアメリカのザガット・サーベイがレストラン評価付きガイドブックとして有名ですが、ほとんどの**レストラン評価の基本軸は、「環境」「内装」「サービス」「料理」の4つです。**

レストラン評価の4つの軸

評価ポイント① 環境

　レストランを紹介する時に最初に書くのが、「環境」についてです。

「環境」はレストランの場所やシチュエーション（立地）、景色について書くパートです。レストランの中に入ったら「内装」になりますので、レストランの中に入るまでを書きます。

　日本フードアナリスト協会では初めてフードアナリストになった人に、食の表現力をアップさせるために、「3大禁止言葉」、つまり3つの使ってはいけない言葉を教えます。

　その3つとは「美味しい」「秘伝のタレ」「隠れ家」です。

　環境（場所）については、「隠れ家」という言葉が禁止言葉です。「隠れ家」とは人目を避けて隠れている場所。表立たない所。陰にあって見えない所のことを指します。

「隠れ家」という比喩は簡単で使いやすい言葉ですが、どのようなシチュエーションで、どのような風情に見えるから、「隠れ家」だと感じたのかが食レポです。それを「隠れ家」と

感じるかどうかは、読者にお任せします。

　最寄りの駅がどこか、最寄りの駅からどのようにして歩いて着くのかも大切な情報です。「東急沿線●●駅西口に降り立ち、100メートルほどあるメイン商店街を通り抜け、閑静な住宅街に入ります。さらに10分ほど歩いたら、にわかに現れる白い洒脱な西洋風の建物」

　そしてどのような場所にあるのかについても書きます。

「高層ビルの53階にあって東京の夜景を一望できる」

「下町の商店街にある人情酒場」

「閑静な高級住宅街にたたずむ一軒家レストラン」

　これからレポートするレストランはこのような場所にあるレストランなんですよ、ということをわかりやすく書くのが、「環境」パートです。

評価ポイント② 内装

　レストランに入ったら、「内装」パートです。

「内装」は、エントランス、花瓶と花、客席数、客席の様子、窓から見える景色や飾ってある絵画やオブジェ、柱や屋根や床の様子や色など、そのレストランが醸し出す雰囲気を形成する「内装」について書きます。

　席についたら、机や椅子の形や色、照明の明るさ、清潔感、食器・カトラリーのグレード、クロス、マット、ナプキンなどのリネン類、クロスの垂れ具合などをチェックします。特に日本のレストランの場合は「季節感」「年中行事」を大切にしているお店が多いですから、季節・年中行事と、食卓花・食器などの柄や色の調和に配慮している場合が多いようです。

　食レポは食の審査ではありませんので、「内装」について気が付いたところ、特に素敵だと思ったところを中心に、メモに書き留めておいてください。

　食レポ全般にいえることですが、レストランでの食事は、環境や内装、サービスも含めて総合芸術であると同時に瞬間芸術です。あっという間に消えてしまいますので、食レポを書く場合には必ずメモを取ることをおすすめします。

評価ポイント③ サービス

　料理に付加価値が高く高級なレストランほどサービスが充実しています。レストランを評価するポイントと食レポは、「どのような視点で見るか（評価するか）」という点で表裏一体

です。

　客観的な見方とは多角的に見る視点のことです。サービスについての食レポの上達のために
は、「ミステリーショッパー」（覆面調査員）で練習するのが近道です。実際にミステリー
ショッパーという仕事をやってみるということです。

　店の目指している方向性、客層、平均単価によってサービスは異なります。ミステリーショッ
パーのチェック項目は、依頼してくる店舗によって異なります。それぞれの店舗によって、サー
ビスに対しての考え方も違います。ミステリーショッパーへの調査項目の違いを考えながら、
実際の店舗に行って調査レポートを書く経験は食レポにとっても役立ちます。

　ミステリーショッパーの依頼があれば、報酬を度外視してでも、勉強と思って仕事を受け
るフードアナリストが多いのは、最新のお店の求めている情報とチェック項目を確認できる
からです。

　サービス・ホスピタリティは、「美味しさ」の中の重大な部分です。

　どんなに味のよい食べ物を提供してもらっても、顧客としてぞんざいに扱われたら、せっ
かくの料理も美味しく感じられないものです。

　サービスは、レストランにとっても最も力点を置いている部分です。こんなところが素晴ら
しかった、こういったところが残念だったと書いてください。残念だった部分を書く時は、
必ず改善案、もしくはフォローを入れることを忘れないのがプロのフードアナリストです。

評価ポイント④　料理

　SNSなどのWEB媒体には、出てきた料理を順番に写真付きで紹介している食レポが多い
ようです。特に制約がなく、自分のページがあるWEBメディアでは、書き方についてもある
程度自由であってもよいですが、雑誌や新聞などに読み物として食レポを提供する場合は、
紙面や文字数が制限されていますので、だらだらと出てきた順番に書いていては読者に飽き
られてしまいます。

　有名レストランには必ず売りとなるスペシャリテがあります。

　**レストランでの食レポの中心はそういったスペシャリテや名物料理について知りたいとい
うニーズに応える必要があります。**

　スペシャリテについては、より詳細にレポートしましょう。

食レポで注意するポイント

食レポは、何らかの食を提供する人や会社、団体と、食を求める一般の人たちを結ぶものです。食のプロの方々の情報は、とかく専門的、独断的になりがちですので、それをわかりやすく解説する必要が生じます。ここでは食レポする際の注意点を見ていきましょう。

プロ専門用語は使わない

　食レポやレストラン紹介記事を書く際に、情報源として参考にするのが、その商品のカタログやレストランのホームページです。

　商品カタログやホームページは、商品の魅力や詳細がたくさん掲載されている情報の宝庫です。食レポを書く際は、必ずひと通りは見る必要があり、さらに読み込むことも求められます。ただ、一般消費者向けに書かれたカタログばかりではありません。生産者や卸業者のカタログであれば、なおさら専門用語が使われています。生産者や卸業者の作るカタログの表現は、「プロ向け」の場合が多くあります。専門用語を多用している場合もあります。プロ同士にはわかるけれど、私たちが伝えなければいけないのは一般消費者です。

　プロ向けの専門用語はなるべく使わず、一般消費者にわかりやすい表現を使います。調理用語辞典などでよく調べて、わかりやすい言葉を使いましょう。

カタカナはひらがなの言葉に直す

　フランス料理やヨーロッパ菓子などの名称や調理法は、読み手の消費者の皆さんには難しいものです。料理専門誌や業界紙では使われていても、テレビや新聞などでは使われていないカタカナ語は日本語で言い換えます。

スー・シェフ→副料理長
ブリュノワーズ→3ミリ程度のサイの目切りにした
アペリチフ→食前酒

説明は長くなっても構わない

　食レポは論文発表ではありません。わかりやすさを優先します。わかりやすさを優先する

あまり少し説明が長くなっても構いません。

　わかりあえる共通言語を持っている専門家同士ならば短い文でもいいですが、一般消費

●料理専門用語の例

フランベ（flamne）	お肉やお魚料理にブランデーやワインなどのお酒を入れて火にかけること。そうすることで、アルコール成分が飛び、お酒の香りを料理に活かすことができる
ポワレ（poeler）	肉の塊を香味野菜などと一緒に鍋に入れ、オーブンで加熱すること
アッシェ（hacher）	食材を繊維に関係なくみじん切りにすること
シズレ（ciseler）	食材を一定方向に形をそろえて刻むこと
ラグー（ragout）	シチューなどの長時間煮込んだ料理のこと。トロトロになった食材はそのまま食べるだけではなく、ソースとしても使用する
ガレージ	寿司店などで使用される、「シャコ」の隠語
ヤマ	笹のこと。山で取れることからこのように呼ばれる
むらさき	醤油のこと。醤油の色からきている
光もの	寿司だねの中で皮の光った魚。あじ、さんま、こはだ、いわしなどの魚のことを指す場合が多い
てんち	材料の頭と尾の部分を指す
南蛮漬け	一度揚げて漬け込む料理法
甘塩（あまじお）	魚や肉などに薄く塩をふること。塩をふる際、その量によって、甘塩、薄塩、強塩（こわじお）に分けられるが、一般には甘塩と薄塩は区別しないで使われている場合が多い
洗い（あらい）	刺身の一種。調理の途中で、手早く冷水で洗うことが由来。コイ、タイ、スズキなどの魚が使われる
糸がき（いとがき）	かつお節を糸のように細く削ること。糸がきは、だしをとるには向かないが、煮物やおひたしなどの上に盛ったりするのには適する
糸切り（いとぎり）	ダイコン、ニンジン、ウドなどを桂剥きにしてから元の形にくるくる巻き、小口から細く切って作る。これを水に放すとぱりっとしてきて、刺身のつまに用いることが多い。このほかに、縫い糸を巻いて材料を切り分ける方法も、「糸切り」と呼ばれる
おかあげ	生（き）あげともいう。「おか」は陸の意味。ゆでた材料をそのままざるにあげること。魚貝類などはゆでて水にとると風味が悪くなるので、そのまま引き上げて冷ます
紙塩（かみしお）	魚に塩をする方法で、懐石料理などの手法。魚の切り身などの上にぬれた和紙を当てて塩をふり、しばらく置いて味をなじませる。材料に直接塩を当てないので、上品な塩味に仕上がるのが特徴
割り醤油（わりじょうゆ）	醤油を基本にして、酒、みりん、だし汁などを加えたもの。生醤油の味では強すぎる場合、醤油味を抑え、しかも風味を失わせないためにこの割り醤油を用いる

者に対しては、言っている意味がわからないと伝わりません。

　例えば、ロティスールとは、あぶり焼きや揚げ物などの肉料理を担当する部門のことですが、「ロティスール」という言葉を説明もなしにいきなり使っても、一般消費者はわかりませんし、イメージがつきません。あぶり焼きや揚げ物などの肉料理を担当する部門と言い換えたほうがよいでしょう。

　仮に、一般消費者への説明は長くなっても構いません。食レポの基本は「伝える」こと。そして最終目的は「行動変容を起こす」ことです。

　フードアナリストはプロですので、プロの言葉＝専門用語を知っていることは大前提ですが、プロ同士でやり取りする以外は専門用語や隠語は使いません。消費者にわかりやすい言葉を使いましょう。

---

 column ｜ **客観的な文章と主体的な文章の違い**

　報告書やレポートなどの実用文には、「客観性」が求められます。新聞や雑誌などのニュース記事も、「客観報道の原則」というのがあり、筆者の主観や想像を排し、客観的な事実を軸として書くことがルールとなっています。

　そのような実用文を求める人は、「書き手がどんな性格なのか」「書かれている事実に対してどんな感情がわいたのか」などの主体的な文章には関心はありません。むしろ、正確な事実や間違いのない情報、または、わかりやすく書かれている内容のほうが重要だと考えます。

　では、どんな文が主体的で、どんな文が客観的なのでしょうか。

　主観的な文には、「（私は）〜だと思う」「〜と感じた」「〜のような気がする」といった一人称の表現が出てきます。そうした個人的な価値観や印象論はコラムや評論では成立しますが、実用的な情報では違和感を持たれます。

　一方の客観的な文章を書く場合には、こうした一人称の表現はできるだけ避けます。具体的には、「〜だ」「〜である」「〜です」といった断定表現を使います。

　推測や結果に不確実性がある場合、予想について書く際には、しっかりと根拠を羅列したうえで、「〜と見られる」「〜の可能性が高い」「〜の懸念がある」といった表現を使います。実際に筆者もそうだと思っている事実において、客観的な根拠に基づいて判断していることを示すためです。

　他にも、雑誌の情報やWEBでの情報、誰かから聞いたもの、SNS上で話題のものなどを文章の中に入れる場合には、「伝聞」だとわかるように記載します。その際、どこからの情報なのかを明記することも大事です。技術的には、「〜によると、〜だ」「〜では、〜という」などの表現です。

　客観的な文章を勉強するには、新聞のニュース記事や生活情報の記事、雑誌などの解説記事を参考にするとよいでしょう。

「食レポ」の伝える技術① 文章は短く、簡潔に

食レポは文章のため、読み手に伝わらないければいけません。そのためには、なるべく簡潔にシンプルな文法を用いることです。修飾語を乱用したり、倒置法を多く使ったりせずに、簡潔で短いセンテンスの文章が一番伝わりやすいのです。

「40・60の原則」とは？

一般的に文章は長くなるほど、主語と述語の関係が複雑になります。日常会話においては、主語と述語の関係が複数含まれる「複文」は珍しいことではありません。しかし、文章にすると、読点「。」に行き着くまでが長くなればなるほど読みにくく、読み手にとっ

ては負担となります。また、文法のミスや意味の取り違え、途中で飽きられてしまう可能性もあります。

文章の構造はなるべくシンプルにするのが理想的です。文を書く際には、「ワンセンテンスを短くする」という意識を持って書き出しましょう。意識をするだけでも、複雑な構造の文章にはならないはず。

では、具体的に一文の文字数はどのぐらいが理想的でしょうか。「いちいち一文の長さを数えるなんて面倒だ」と感じるかもしれません。一文字一文字を考えながら文章を組み立てるのも億劫です。その際は目安となる代表的な名文、新聞の記事を想定してみてください。

紙の新聞では1行が11〜13字に設定されています。そして新聞記者が文を書く目安となっているのが、「**一文は3行以内、長くても5行に収める**」というルールです。つまり、**11文字〜13文字×3行、もしくは5行という文字数を一文と考えると、約40 〜 60字以内**となります。

実は、この60文字以内の長さがよいと提唱したのは、心理学者であり、晩年はお茶の水

女子大学の名誉教授などを務めた波多野完治先生です。1960年代、米国で文章心理学を研究し、「読みやすい長さの限界」を日本語に適用させたのが、この文字数です。新聞社でもこの提案が受け入れられ、新聞記事の一文は平均40〜60字以内に収めるようになりました。

　もちろん例外もあります。ニュース原稿などでは長めの文章も登場しますし、国際面ではカタカナの場所名や人物名など、長い名称が出てくるため、平均80字を超えるケースもあります。かたや、朝日新聞の「天声人語」や読売新聞の「編集手帳」などでは、平均30字程度。筆者によっても文調が異なりますし、テーマによっても中身は変わりますが、主に25〜40字程度の短い文を活用することで、全体に柔らかい印象に仕上げているようです。

　現在は、多くの人がパソコンの文書作成ソフトウエアを使用して、原稿を書いています。原稿作成ソフトでは、横書き、縦書きどちらにおいてもワード数の設定ができます。そのため、一文の行数が増えてたら、すぐにわかります。

【Profile】
波多野 完治 (はたの かんじ)

1905年2月7日〜2001年5月23日。日本の心理学者、文学博士。お茶の水女子大学名誉教授。
スイスの心理学者・ピアジェ、フランスのワロンなどフランスの心理学紹介のほか、生涯教育、文章心理学、視聴覚教育論の分野でも広く活躍した。主な著訳書に「ピアジェ」「子どもの発達心理」「文章心理学大系」(全6巻)、「波多野完治全集」(全12巻 小学館)などがある。

　新聞記者のルールを念頭に、文を書く時には、「一文をなるべく40字以内で、長くとも60字以内に収める」という意識を持っていれば、次第と慣れて身についていくはずです。

一文一意の原則とは？

　文を短く書く意識に加えて大切なのが、「一つの文では、伝えることを一つに絞る」という心がけです。あれもこれも言いたいと考えるがゆえに、一文が長くなってしまうというケースをよく耳にします。たくさんの情報を発信するのはいいことなのですが、情報の詰め込みすぎもよくありません。一気に詰め込もうと文を長くしてしまうと、何が言いたいのか、読み手にとってはわからないものになってしまいます。欲張らずにひとつに絞り込むことで、読

者に伝わりやすくなります。

　サンプルを挙げてみましょう。

●「一文一意」を意識していない文例

　昨日、友人と名店といわれるラーメン屋に行ったら、30分も並んでようやくお店に入ることができ、話題になっているメニューを注文できたのですが、めちゃくちゃ美味しくて、友人もこんなラーメン食べたことがないと喜んでいました。前の日はイタリアンの名店でパスタを食べましたが、米粉を使ったパスタの麺以上に、ここのラーメンはモチモチで、店長いわく、「スペシャルな手打ちですから」と説明してくれましたが、これまで食べたことのないモチモチ感には、友人も「幸せ」とコメントしていました。

　これは話し言葉では違和感なく耳に入ってくることでしょう。しかし、書き言葉ではとてもわかりにくく、違和感を抱いてしまいます。

　この例の悪い点は、一文が長いことに加えて、一文において主語が入れ替わるところです。語り手自身から始まったかと思えば、友人になったり、店長になったり。急にイタリアンが出てくるのも、比較対象としてはあり得ますが、どこのお店のことを書きたいのか、わかりにくくなっています。読者が自分と同じ感覚でいるとは限りません。専門的な話や、相手が想像しにくい状況、一風変わった設定などについて、だらだらと書くことは読者が混乱してしまいます。

　そこで、「一文一意」を意識した文章に変えてみましょう。

●「一文一意」を意識した文例

　昨日、名店といわれるラーメン屋に友人と行きました。30分並んで注文ができた話題のメニューは、噂どおりに絶品でした。店長いわく、「自家製麺にこだわっている」ということで、私も友人もこれまで一番のモッチモチ感が味わえ、至福でした。

　このように、すっきりと整理されて読みやすい文になります。

「食レポ」の伝える技術② ひらがなと漢字の使い方

文章を書き終えたら、読み返して加筆や修正していく作業が必要です。文法やスペルなどの間違いを正すほか、読みにくい部分を修正することが大事です。では、「読みやすい文章」とはひとことでいえば、どんな文章なのでしょうか。

漢字の割合は3分の1に

「読みやすい文章」とはひとことでいえば、「読み手に頭を使わせない」ことです。そのひとつに、**「漢字が出てくる割合は全体の文章の3分の1程度に抑える」**と読みやすくなる定説があります。

「文章に漢字がたくさん出てくると読みにくく感じる」という例文で説明してみましょう。

「文章に漢字が沢山出て来ると読み難く感じます」

この一文ではどこが切れ目になっているのか、ぱっと見ただけではわかりにくいです。「沢山」と「出て」のように、漢字が連なると読みにくくなりますし、「読み難く」という感じも、本来は「よみにくい」と読んでもらいたいところを、「よみがたい」と間違えてしまう人もいるでしょう。訓読、音読が紛らわしい漢字は、かえってひらがな表記のほうがいいケースも多いです。

漢字を多く使うことがかっこいい、格調が高く、理知的に見えるというわけでもありません。むしろ漢字が多すぎると硬いイメージがついて、読み手を躊躇させることもあるのです。

逆に漢字が少なく、ひらがなばかりの文章もかえって読みにくいこともあります。

「ぶんしょうにかんじがたくさんでてくるとよみにくくかんじます」

これは極端な例ですが、漢字にすべきところをひらがなにすると、読みにくいことはもちろん、稚拙な文章というイメージになります。

新聞記者はよく原稿をチェックする立場のデスクからこう指摘されるそうです。

「紙面が黒っぽくなるので、ひらがなの割合を増やすようにしてください。だいたい、漢字の比率が40％を超えると文章は黒っぽくなり、読者に難しいイメージを抱かせます」

漢字とひらがなのちょうどいい比率は、文章全体の30〜40％ということなのです。

漢字を減らす方法

　日本語には、漢字2文字の熟語に「する」をつけて、動詞化した言葉がたくさんあります。それらをひらがなの比率が多い言葉に置き換えることで、漢字を減らすこともできます。

「開始する」→始める／「増加する」→増える／「推進する」→進める／「把握する」→つかむ

　日本語には、本来の意味が薄れた形で使われる言葉があります。たとえば、「やって見る」の「見る」は、目で何かを視認するという本来の意味ではなく、「試す」に近いニュアンスで使われます。

　こうした形式語は、漢字で書く必要がありません。むしろ、「見て見る」「置いて置く」のように漢字で書くと奇妙な印象を与えることさえあります。次の5つはパソコンが漢字に変換してしまうことが多いのでチェックしておきましょう。

「見る」　食べて見る→食べてみる／「置く」　置いて置く→置いておく／「来る」　食べて来る→食べてくる／「行く」　食べて行く→食べていく／「言う」　食べたと言う→食べたという

　また、形式語は敬語でもよく使われます。

「下さる」　食べて下さる→食べてくださる／「いただく」　食べて頂く→食べていただく

　名詞や形容詞でも同じように、本来の意味が薄れた形で使われる言葉があります。たとえば、「事」という名詞は、「〜事が重要だ」のように使いますが、ひらがたにしたほうが自然な印象を与えることもあります。

名詞のパターン

「事」　食べる事→食べること／「物」　食べる物→食べるもの／「所」　食べていた所→食べていたところ

形容詞のパターン

「難い」　食べ難い→食べにくい／「易い」　食べ易い→食べやすい／「無い」　食べ無い→食べない／「欲しい」　食べて欲しい→食べてほしい／「良い」　食べても良い→食べてもよい

　このように、「漢字二文字の熟語動詞」と「形式語」をひらがなにするだけで、文の印象はずっとやさしくなります。

「食レポ」の伝える技術③ **イメージ化**

食レポやレストラン紹介文は、とかく一方的な内容になりがちです。食の専門家といわれる人が食レポをしてもなかなか伝わらないのは、一方的に情報を伝えようとするから。読み手が理解し、イメージして初めて伝わります。

具体例を挙げる

フードアナリストは消費者目線を持った食のプロです。知識量や経験量は一般消費者とは比較にならないくらい豊富です。しかし、その知識をいくらひけらかしても、読み手にイメージがわかなければ、伝わることにはなりません。

食レポしたいレストラン（食品）を利用する側がイメージできる、利用する側を「主役」にした食レポを意識してください。

そのための最も簡単な方法が、具体例を挙げることです。

「この料理はこういう料理です」

「この商品はこういう商品です」

ではなく、

「この料理は結婚記念日に食べたら感激します」

「まず3分の1くらいをひと口で食べてみてください。そのあとに残りをちょっとずつ崩しながら味わって食べていってください」

と書かれていたらどうでしょう。とてもイメージしやすいですね。

このように読者になったつもりで、実際に食べたり飲んだりしているシーンを書きます。また、レストランや外食での食レポではなく、新商品の食レポに関しても具体例を出すことで、ある程度のイメージが湧きやすくなります。

「糖質が5グラムずつの小分けパッケージになっていますので、糖質カットダイエット中の私にも使いやすくて重宝します」

こうした**具体例を提示する書き方を意識してください。**

●「〜に合う」の食レポ使用例

マクドナルドのハンバーガーは、ジューシーな肉汁とクリーミーで独特のコクのあるチェダーチーズの濃厚な味わいが特徴のバーガーです。

そして●●ビールは麦芽の苦みや甘みと爽やかな香りが楽しめるエールタイプのビール。

ハンバーガーの濃厚な余韻が残っているうちにビールをのどに流し込むと、爽やかさと相まって後味すっきり。前述の通り、●●ビールはまさに定番×定番の鉄板ペアリングであり、これ以上ないくらいぴったりな組み合わせです。

「〜にとても合います」といった具体例

美味しさは、100人いたら100人通りあります。本当に美味しいけれど、なかなか伝わらないものです。美味しさを伝えるために、「〜にとても合います」という文章にすると、イメージが湧きやすくなります。何に合わせるのかは、できるだけ誰もが食べたことがあるものを使います。

「このビールはマクドナルドのチーズバーガーに合います」

「このワインは、ドミノピザのマルゲリータを一緒に食べるとたまらなく美味しい」

マクドナルドのチーズバーガーや、ドミノピザのマルゲリータは誰もが一度は食べたことがあるはずです。こういった誰でも食べたことのある食品の力を借りて、美味しさを伝えます。

できれば、「なぜ合うのか」「なぜ一緒に食べると美味しい」のかを説明できれば食レポの大きなポイントになります。

「このビール、美味しいですよ」といっても、飲んだことがないと一体どんな味なのかわかりません。

「あの定番商品に合います」

「こんなふうに食べたらたまりません」

こうした食レポならば、きっと味がイメージできます。定番商品と合わせたイメージを読者に喚起してもらうことで、

「あ、あの定番商品と合わせると美味しいんだ」

「今度、買ってみようかな」

という気持ちになってもらうことができます。

「食レポ」の伝える技術④ 消費者目線で共感を

フードアナリストの最大の特徴は「消費者目線を持つプロフェッショナルである」ということです。食レポをする際も、消費者目線、消費者の立場でレポートします。それがあなたという人が書く、オリジナルの食レポとなるからです。

興味のない人には単なるセールストークに

　食レポの基本は、「取材」と「調査」です。調査→取材→分析をして、さらに設計図をつくると書きたいことがどんどん湧いてくるはずです。コップの中に水を満タンにして、さらに水を注ぎ続ければ溢れ出します。ここでいう「水」が情報であり、溢れ出した水が食レポと考えてください。

　ただ、どんなに商品や食材、料理に詳しくなり、またシェフや生産者、メーカーについて調べたとしても、食レポではなかなか伝わらない、空回りしていると感じることがあります。

　食レポをしているあなたと、読者の間にはやはり壁があると思うはずです。あなたはプロですし、読者は素人ですから仕方のないことかもしれません。まして、プロからどんなに誠実に説明しても、食レポという性質上、どうしても「売らんがため」「売りつけられるんじゃないか」と警戒されるものです。

　読者には、その商品に興味がある人と興味のない人がいます。

　興味のある人にとっては面白く興味深い食レポも、興味のない人には単なるセールストークにしか聞こえません。

　そんな場合は、もう一度原点に立ち返って、「生産者・製造者目線になっていないか」「消費者の目線で食レポをしているか」をチェックしてみてください。

　レストランや食品メーカーは、こだわりとプライドを持って物を作っています。こだわりやプライドは大切ですが、とかく一方的になりがちです。

　「私のレストランは」「私の料理は」「私の商品は」「私が作りまし

173

た」「私のレストランを」……と、すべて「アイ・マイ・ミー・マイン（I、my、me、mine）」で話されるレストランのシェフや食品メーカーの社長さんもいます。

　優秀なシェフや社長さんでも、こだわりが強すぎて周りが見えていない、自分の料理だけ、商品だけで、それ以外興味のない人もいます。もはや「料理の専門家」ではなく、「自分のレストランの料理の専門家」です。

フードアナリストしかできない食レポとは？

　フードアナリストの特徴は、「比較検討」と「食べ歩き」です。消費者としてさまざまなレストランを食べ歩き、それぞれの特色や性向について詳しいところが武器です。これはフードアナリストでしかできません。

　例えば、「低温長時間調理法」についての食レポでは、まずは「低温調理法」の専門用語を解説、もしくは注釈で説明します。

　「下処理した食材を密封袋に入れて真空状態にして、40℃〜70℃の比較的低温で長時間湯煎加熱して火を通すという最先端の調理法ですが、長いもので8時間かけて調理します」

　それに加えて、「低温長時間調理法」について、この店はどんなところが他の店とは違って、それによってどのような特徴があるのか、それによってどのような味になるかといった具体例を示すのです。

　さらに食レポに書き手であるあなたをそっと出します。この場合、「私は私は」と全面に出してはいけません。あくまでも**消費者との接点をアピールすること**です。つまり、消費者と同じ立場になって商品を語るのです。

　「この竹輪はほんのりと炙ると、香ばしい風味と魚本来の味が引き立って、酒のつまみがない時に重宝しています。フライパンでちょっと炙るだけ。ビールにもウイスキーにも相性ぴったりで私も愛用しています」

　ビールにもウイスキーにも合うので、食べてみませんかという食レポです。

　「私も働いていて家に帰ってすぐにお父さんや子どもの晩ご飯を作る時、どうしても品数が足りず、あと1品欲しい時がありますよね。そういう時に、こういうサッと食卓に出せるおかずが便利です」

　これは働く女性の立場をアピールして、食レポに反映する事例です。

「食レポ」の伝える技術⑤　擬音語と擬態語

擬音語、擬態語、擬声語は「オノマトペ言葉」とも呼ばれています。オノマトペ言葉の特徴として、「絵」としてイメージしやすく、文章にもリズム感が生まれ、「躍動感」や「リアリティ」が感じられるようになります。

数が多く、表現豊かな日本語の「オノマトペ」

「オノマトペ」の元々の語源は、古代ギリシア語の「onoma（名前）」と「poiein（作る）」が融合してできた「onomatopoiia（オノマトポイーア）」です。英語では「onomatopoeia（オノマトペア）」、フランス語では「onomatopée（オノマトペ）」となり、日本では「オノマトペ」といわれます。

　オノマトペは物事の状態を表す擬態語（ふわふわ、つるつるなど）、音を言葉で表した擬音語（ガリガリ、シコシコなど）、人や動物の発する声を表した擬声語（ニャーニャー、パオーンなど）の3つの種類に分けられます。形容詞としてだけでなく、時には名詞や動詞としても使われることもあります。

　日本語には特に古来より擬音語、擬態語、擬声語表現が多くありました。

　擬音語、擬態語、擬声語は日本語に豊富に存在し、日本語の大きな特徴となっている表現です。分量としては欧米や中国の言葉の3倍から5倍もあります。

　私たちが食レポをする時には、擬音語、擬態語、擬声語を使うことで、より生き生きと臨場感やシズル感を表現することができます。

・**擬音語**…現実の世界の物音や声を私たちの発音で写し取った言葉

・**擬態語**…現実世界の状態を私たちの発音で、いかにもそれらしく写し取った言葉

・**擬声語**…人間の声や動物の鳴き声を言葉で写し取った言葉

●日本語のオノマトペの種類①

オノマトペ+AA1:C38	分類	連想される食品名
アツアツ	触覚（温覚）	うどん、おでん、鍋物
アッサリ	味覚表現（濃淡）	酢の物、浅漬け、吸い物
カサカサ、ガサガサ	テクスチャー（乾湿）、聴覚（擬音）	パイ、クラッカー、コーンフレーク
カスカス	テクスチャー（乾湿）	麩菓子、おから
カチカチ、ガチガチ	テクスチャー（硬軟）	アイスキャンディー、飴、餅
カッカ	触覚（痛覚）、味覚表現（辛味）	カレー、キムチ、唐辛子
カラッ、カラリ	テクスチャー（歯ごたえ）	唐揚げ、天ぷら、フライ
カリカリ、カリッ	テクスチャー（歯ごたえ）、聴覚（擬音）	かりんとう、煎餅、梅漬け
ガリガリ		氷、氷砂糖、生姜甘酢漬
キーン	触覚（冷覚）	ビール、酒類
キシキシ、ギシギシ、ギチギチ	テクスチャー（歯ごたえ）、聴覚（擬音）	りんご、いんげん、生煮えのネギ、にら
ギトギト	味覚表現（濃淡）	鰻蒲焼き、豚角煮、揚げ物
キリリ、キリッ	味覚表現、その他	辛口の酒
クチャクチャ、グチャグチャ	視覚（形態）	砕けたクッキー、おかゆ
クニャクニャ、クニュクニュ	テクスチャー（硬軟）	軟骨
グツグツ	聴覚（擬音）	鍋焼きうどん
グニャグニャ、グンニャリ	テクスチャー（硬軟）	コンニャク、グミ、鶏皮
コチコチ	テクスチャー（硬軟）	堅焼きあられ、氷砂糖
ゴツゴツ	テクスチャー（舌触り）	堅焼きあられ
コックリ	味覚表現（濃淡）	野菜の煮物
コッテリ	味覚表現（濃淡）	豚角煮、豚骨スープ
コテコテ、ゴテゴテ	味覚表現（濃淡）	お好み焼き、豚カツソース
コトコト	聴覚（擬音）	スープ、煮込み料理
コリコリ	テクスチャー（歯応え）、聴覚（擬音）	アワビ、クラゲ
コリッ		軟骨
ゴリッ、ゴリゴリ		ごぼう
ゴロゴロ	テクスチャー（口当たり）	堅焼きあられ
ゴワゴワ	テクスチャー（口当たり）	煎餅、おかき
サクサク、サクッ、サックリ	テクスチャー（歯応え）、聴覚（擬音）	クッキー、パイ

オノマトペ	分類	連想される食品名
ザクザク、ザックリ	聴覚（擬音）	粗挽きビスケット、冷凍みかん
サッパリ	味覚表現（濃淡）	キュウリの酢の物、サラダ
サラサラ	テクスチャー（乾湿）	お茶漬け、雑炊、スープ
サラッ	テクスチャー（粘性/乾湿）	雑炊、酒、スープ
サラリ	テクスチャー（粘性）	梅酒
ザラザラ、ザラツイタ	テクスチャー（舌触り）、聴覚（擬音）	ざらめ、ヴィシソワーズ
ジクジク	テクスチャー（乾湿）	熟れすぎた果実
シコシコ	テクスチャー（歯応え）	うどん、そば、冷麺
シットリ	テクスチャー（乾湿）	カステラ、パウンドケーキ
シナシナ	テクスチャー（乾湿）	湿気た海苔、煎餅
ジメジメ	テクスチャー（乾湿）	湿気た海苔、煎餅
シャキシャキ、シャキットシタ、シャッキリ	テクスチャー（歯応え）、聴覚（擬音）	レタス、千切りキャベツ
シャクシャク		梨
シャリシャリ、ジャリジャリ、ジャリツク	テクスチャー（歯応え）、聴覚（擬音）	かき氷、シャーベット、梨
ジュウジュウ	聴覚（擬音）	焼肉
ジュルジュル	聴覚（擬音）	（各人の好みであれば特に指定無し）
シュワシュワ	聴覚（擬音）	ソーダ、ビール、シャンパン
スカスカ	テクスチャー（乾湿）	麩菓子
スカッ	その他、味覚表現	サイダー類
スースー	触性（痛覚）	ミント飴、ミントガム
スーッ	テクスチャー（粘性）	日本酒
スッキリ	味覚表現（濃淡）	吸い物、辛口の酒
ズッシリ、ズドーン	味覚表現（濃淡）	豚骨ラーメン
スベスベ	テクスチャー（舌触り）	大福
ズルズル	聴覚（擬音）	そば、とろろ、うどん
ダブダブ	テクスチャー（乾湿）	汁気の多すぎる煮物
チクチク	触覚（痛覚）	いちじく、メロン
チュルチュル	聴覚（擬音）	カレーうどん
チリチリ	触覚（痛覚）	唐辛子、サイダー類
ツブツブ	テクスチャー（舌触り）	いちご、数の子

●日本語のオノマトペの種類②

オノマトペ	分類	連想される食品名
ツルツル、ツルッ	聴覚（擬音）、テクスチャー（平滑感）	そうめん、うどん、そば
ツ（ー）ン、ツンツン	触覚（痛覚）	わさび、辛子
ドッシリ	味覚表現（濃淡）	カツ丼、スパゲッティミートソース
トロトロ、トロッ、トロリ、トロン	テクスチャー（粘性）	とろろ、温泉玉子、かゆ
ドロドロ、ドロリ	テクスチャー（粘性）	カレー、かゆ、シチュー
ドンヨリ	視覚（形態）	スープ
ニチャニチャ、ニチャッ	テクスチャー（粘性）	キャラメル、ガム、納豆
ヌメ（ヌメッ）、ヌラヌラ、ヌルヌル、ヌルッ、ヌルリ	テクスチャー（粘性）	ナメコ、納豆、モズク酢、揚げ茄子
ヌメヌメ、ヌメッ		
ネチネチ、ネチャネチャ、ネッチ（ャ）リ	テクスチャー（粘性）	キャラメル、ガム
ネットリ、ネトネト、ネバネバ	テクスチャー（粘性）	納豆、水飴、胡麻豆腐
パサパサ、バサバサ	テクスチャー（乾湿）	パン、鶏のささみ、焼き魚
パラパラ、バラバラ、バラケタ	視覚（形態）	炒り卵、鶏そぼろ、ピラフ
バリバリ	聴覚（擬音）	厚焼き煎餅、あられ、レタス
パリパリ	聴覚（擬音）、テクスチャー（乾湿）	薄焼き煎餅、ポテトチップス
ピーン	評価（直線的）	酒
ビショビショ、ピチョピチョ、ピチャピチャ	テクスチャー（乾湿）	水気の多すぎる芋・かぼちゃ・おじや
ヒリヒリ、ピリピリ、ピリッ、ヒイヒイ	触覚（痛覚）、味覚表現（辛味）	唐辛子、キムチ、カレー
ヒヤッ、ヒンヤリ	触覚（冷覚）	アイスクリーム、かき氷
フウフウ	聴覚（擬音）	うどん、ラーメン
フカフカ	テクスチャー（弾性）	パン、パウンドケーキ
プチプチ、ブツブツ、プッチリ、プツン、プツプツ	テクスチャー（歯応え）	いくら、数の子、とびっこ
フックラ	テクスチャー（弾性）	ごはん、中華まん、ケーキ
フニャフニャ	テクスチャー（硬軟）	マシュマロ、はんぺん、麩
ブヨブヨ	テクスチャー（硬軟）	肉の脂身、鶏皮
プッチン	テクスチャー（弾性）	プリン、ゼリー

オノマトペ	分類	連想される食品名
プリプリ		えび、刺身
プリンプリン、プルプル、フルフル		プリン、ゼリー、ババロア
フワフワ、フワッ、フンワリ	テクスチャー（弾性）	麩菓子、マシュマロ、パウンドケーキ
ベシャベシャ、ベショベショ	テクスチャー（乾湿）	煮崩れた野菜・芋・かぼちゃ
ベタベタ	テクスチャー（粘性）	麩菓子、水飴、だんご
ベッチャリ、ベットリ	テクスチャー（乾湿）	煮崩れた野菜・芋・かぼちゃ、海苔の佃煮
ベトベト	テクスチャー（粘性）	ジャム、キャラメル
ポキポキ	聴覚（擬音）	ポッキー、プリッツ
ホクホク、ホコホコ、ホッコリ	テクスチャー（乾湿）、触覚（温覚）	焼き芋、ベークドポテト
ボソボソ	テクスチャー（乾湿）	ごはん、そば、おから
ホ（ッ）カホカ、ポカポカ	触覚（温覚）	ごはん、焼き芋、中華まん
ポッテリ	味覚表現（濃淡）	お好み焼き
ホットスル	外部環境	肉じゃが、味噌汁
ホノボノシタ	外部環境	田舎料理
ホヤホヤ	テクスチャー（硬軟）	たけのこの穂先
ホロホロ	視覚（形態）	そら豆
ボリボリ、ポリポリ	聴覚（擬音）	煎餅、たくあん
ポロポロ	視覚（形態）	そぼろ、炒り卵、ピラフ
マッタリ	味覚表現	カスタードクリーム、ウニ
ムチムチ、ムッチリ、ムニュムニュ	テクスチャー（弾性）	餅、だんご、ういろう
モゴモゴ、モソモソ、モッタリ	テクスチャー（乾湿）	焼き芋、千切りキャベツ
モチモチ、モチッ、モッチリ	テクスチャー（弾性）	パン、大福餅
ヤンワリ	テクスチャー（硬軟）	パウンドケーキ、カステラ

※『ことばは味を超える/瀬戸賢一・編著（海鳴社刊）』より抜粋

「食レポ」の伝える技術⑥　**香りと味覚の表現**

日本語には香りと味覚の表現はたくさんあります。「芳醇」「柑橘系」「磯の香り」「スモーキー（燻製）」など。またワインでは特に香りと味を言葉に表現する方法は富んでいます。ここでは香りと味覚の表現の一部を紹介します。

香りと味覚を表現するには、比喩表現を使おう

　味と香りはお互いに影響し合っています。私たちは食べ物の味を香りや食感などに総合的な感覚として感じています。バニラの甘い香りは味覚でも甘さを感じ、レモンの香りは酸味を増強させ、磯の香りは塩味を感じさせることがわかっています。

　そのため、香りと味覚の表現を用いることで、イメージしやすい食レポになるのです。

●香りと味覚の表現

すすや煙のような香り	一部のワインに特有の香り
木香	ヒマラヤ杉、カンゾウ、樹脂の香り
よくなれた	ブレンドしたワインが調和を保ちつつ充分に熟成している
調和のとれた	さまざまな要素のバランスがとれ、完璧に調和している
若い	新しいワイン、または若さの特徴を保っているワイン
すっぱい	不快な味、酸度が強すぎる
苦い	タンニンや揮発性酸を大量に含むワイン。刺すような味や焼けるような味
やせた、薄い味	本来の色や強さが薄らいだワイン。赤ワインでいけば、たとえば古くなり過ぎたワイン
粗削りな、粗い	タンニン、または酸の過多が与える苦味、グリセリンの分解による変質
コクのある	濃厚でよくバランスのとれたワイン
心地よい	しなやかで心地よく、アルコール度数もそれほど高くなくて飲みやすい
円熟した	コクがあってまろやかで、糖分とグリセリンにある程度富み、酸味はほとんどない
たくましい	活力があってコクがあり、ある程度酸を含み、うまく熟成する。土壌に由来する特徴
絹のような	しなやかで絹の感触を思わせる
繊細な	ほとんど酸を含まず、しなやかで軽く、かすかな甘口
生き生きとした	アルコール度数も酸度も並み程度の新鮮で軽いワイン

※『美味学』（増成隆士・川端晶子編著）、『ワイン学編集委員会：ワイン学』（株式会社産業調査会、1991）より抜粋

作り手側の努力に敬意を示す

食の世界は、この数十年で一気に変わりました。「フードテック」といわれる技術が食を変えています。また、美味しい料理へのアプローチの仕方が画期的に変わってきています。こうした技術なども、食レポでは取材して詳しく書いたほうが美味しさが伝わります。

手間暇、苦労話のストーリーを盛り込む

　食レポには最新の技術や生産者の努力、スキルなども盛り込むと、多面的になります。

　例えば天然酵母がなぜ美味しいのか、なぜ健康によいのかといったことも説明しながら、天然酵母を使ったパンを作るための苦労についてもしっかり食レポしてください。面倒くさい手間暇も重要なポイントです。

「低温の油と高温の油で2度揚げたトンカツ」

「普通のラザニアの3倍の回数、生地と具を重ねていきます」

「通常では発見できないアジの小骨まで、センサーを使って取り除いていきます」

　作り手の苦労話やストーリーは、食レポの大きなスパイスになります。しっかりと取材をしてください。

人の物語が一番心に響く

　食レポも長い文章を依頼されることがあり、レストラン紹介やレストラン物語のようなコラムや読み物になる場合もあります。店にもシェフにも支配人にも歴史・経歴があります。

「なぜ、この店を作ったのか」

「この場所にお店を開いたのはどんな思いからか」

「店の名前の由来は」

「名物料理がどうしてできたのか」

「このお店で心がけているサービスは」

「どんな時が支配人として一番嬉しいか」

　これらも食レポの中に差し込むと、文章に深みが出ます。

　読んでいる人も、最終的にレストランには人に会いに行くもの。料理もサービスも人が作ります。人の物語が一番心に響きます。

安心安全の表現

第6章の「コンテスト審査会での審査員」でも詳しく書きましたが、食業界とは「安全・安心」を売る業界です。いくら美味しく美しくても、食べてお腹を壊すようではすべて台無しです。食レポでも安全・安心をしっかり明記すべき項目です。

食品安全法を常に意識しておく

　食の安心・安全は最大の美味しさといえます。大前提でありながら、最終目標でもあります。

　商品の安心・安全についても、食レポのプロとしては触れておきたいものです。

　食の安心・安全性については、消費者庁のHPに詳しくあります。最も信頼できる情報が掲載されていますので、事あるごとに開いてみてください。食品の安全の根本法令は食品安全法です。消費者庁のHPに詳しく掲載されています。

　平成15年に制定された食品安全法は、近年、食生活を取り巻く環境が大きく変化したことやBSE（牛海綿状脳症）の発生がきっかけで制定されたものです。

　これにより、「食品の安全性の確保に関するあらゆる措置は、国民の健康の保護が最も重要であるという基本的認識の下に講じられなければならない」という基本理念が明らかにされ、食品の安全は右ページの図のような仕組みの下で守られています。

食の安心・安全性は正確、誠実に

　どのようにリスク評価を行い、リスクを管理しているか、そしてそれを情報共有しているかについては、食品メーカーやレストランにとって最も大切です。

　食レポを書く時、特に取材をする際は、安全性についてできるだけヒアリングしてください。ちゃんとした食品メーカーやレストランであれば、真摯に回答してくれるはずです。

　食レポは「読者に有益な食の情報を届け、行動変容を促す」ことが目的です。食の安心・安全情報は、実は食の情報で一番大切な情報ですから、できるだけ正確に誠実に書いてください。

　フードアナリストは、食の安心・安全性については4級でも学びますが、評価基準や新しい評価方法など常に新しい情報をアップデートしておく必要があります。

　食の安心・安全性について興味を持って、関連書籍を読むこと、セミナーや勉強会への参加が望まれます。

　何よりも大切なのは興味を持って、常に学び続けることです。

●食品の安全を守る仕組み（リスク分析）

リスクコミュニケーション

リスク評価やリスク管理の全課程において、リスク評価者、リスク管理者、消費者、事業者、研究者、その他の関係者の間で、相互に情報の共有や意見の交換を行うこと。

| 食品安全委員会 |
| リスク評価 |
| どのくらいなら
食べても安全か評価 |

・機能的に分担
・相互に情報交換

| 厚生労働省、農林水産省、
消費者庁、環境省など |
| リスク管理 |
| 食べても安全なように
ルールを決めて、監視 |

| 消費者庁 |

関係府省庁および地方公共団体等との
連絡調整、企画・運営など

リスクアナリシス：問題発生を未然に防止したり、悪影響の起きる可能性（リスク）を低減するための枠組み

リスク評価	食品に含まれるハザード（危害要因）の摂取（ばく露）によるヒトの健康に対するリスクをハザードの特性などを考慮しつつ、付随する不確実性を踏まえて、科学的に評価すること
リスク管理	すべての関係者と協議しながら、技術的な実行可能性、費用対効果、リスク評価結果等のさまざまな事項を考慮したうえで、リスクを低減するために適切な政策・措置（規格や基準の設定、低減対策の策定・普及啓発など）について、科学的な妥当性をもって検討・実施すること
リスク コミュニケーション	リスク分析の全課程において、リスクやリスクに関連する要因などについて、一般市民（消費者、消費者団体）、行政（リスク管理機関、リスク評価機関）、メディア、事業者（一次生産者、製造業者、流通業者、業界団体など）、専門家（研究者、研究・教育機関、医療機関など）といったそれぞれの立場から情報の共有や意見交換をすること

※食品の安全を守る仕組みは、「リスク評価」、「リスク管理」、「リスクコミュニケーション」の3要素から構成されています。日本では、リスク評価機関(食品安全委員会)とリスク管理機関(厚生労働省、農林水産省、消費者庁、環境省等)がそれぞれ独立して業務を行いながらも、相互に連携しつつ、食品の安全性を確保するための取組を推進しています。（消費者庁HPより抜粋）

おわりに

in conclusion

AI全盛の時代でも、
「食」はAIが参入できない分野

　本書の出版の企画が持ち上がったころの2022年2月24日に、ロシアによるウクライナ侵攻が始まりました。ウクライナでは多くの国民が犠牲となり、全世界に衝撃が走ったのはついこの間のこと。1年経った今でも、その争いは続いています。

　国際社会に目を移せば、ウクライナは良質な小麦粉や向日葵油の大産地であり、世界の供給源である肥沃な大地がロシアの戦車やミサイルで蹂躙されました。その影響により食糧価格が高騰し、またロシアからの天然ガスや原油の流通がストップ・激減したことでエネルギー価格が暴騰する、という大惨事が世界を襲っています。

　人類は戦争のたびに科学技術を飛躍的に発展させてきました。第1次世界大戦では

化学農薬技術と飛行機、第2次世界大戦では原子力発電の技術です。

　今回のウクライナ侵攻の場合は、AI（人工知能）搭載の無人ドローン爆撃機とGPS誘導機能付きミサイルがそれに当たる、と考えられます。

　私はこの不条理な戦争の早い終結を願って止みませんが、この戦争の特徴を挙げるとすれば、AIによる無人の兵器や機器が高度な水準で使用されている点です。

　情報戦を含め、ウクライナ戦争はAI戦争です。

　今後、このAIの流れは、ますます加速すると考えられます。

　AI技術については自動運転や翻訳などが実用間近として知られていますが、医療の世界や弁護士業務までもAI技術の進出が取り沙汰されています。調べたり、過去の例を抽出したり、判別するだけなら、AIのほうが正確に迅速に作業をしてくれます。囲碁や将棋といった盤上の世界では、AIにプロでもなかなか勝てなくなっています。最近では、AIが書いた小説まであります。

　フードアナリストが扱う「食レポ」「食の審査員」の世界は、実際にお店に行って（もしくはネットなどで取り寄せて）食べるという体験をして、それをレポートする、審査するという手順が必要です。そのため、すぐにAIに仕事を奪われる可能性は少ないと考えられます。なぜなら、AIは自分で食べるという体験はできないですから。

　それでもひと通りの食レポや審査員ならば、食品の成分や過去の例からAIが取って代わる可能性があるかもしれません。食レポや審査員にも選別の時代が到来する。そんなことを考えながら、本書を書き進めていました。

　実際に食べることはAIにはできません。食べることは生きること、生きることは食べることです。私たちは食べることで命を永らえ、命を繋いで生きてきました。

　100人いれば100人の美味しさがあり、美味しさの感じ方が違うのは、「食べることは生きること」だからです。

　つまり、今食べている物の美味しさとは、生まれてから今までの人生の上で蓄積された美味しいという感覚の記憶であり、集大成といえるものです。

　私たち一人ひとりの食レポが終わるのは人生を終える時。その時まで食レポは続き

ます。私たちの一生は壮大な食レポの物語なのです。

　そういった意味では食体験ができないAIにとっては、「食レポ」という仕事は比較的難易度が高いかもしれません。体験と評価を伴う知的作業は、当面はAIが参入できない分野だと考えられるからです。

■ 食への尊重とリスペクト、　そして感謝と尊敬

　日本フードアナリスト協会では、食とは最高の「こと消費」と考えています。食べ物、料理を食するという行為は、「もの」を楽しむ＝「もの消費」だけにとどまらず、食べるという体験＝「こと」を楽しむ行為だからです。

　食べるという「こと消費」は、現状では人間にしかできない生命の活動です。

　協会の設立理念である「尊命敬食」は、命である食への限りない尊重とリスペクトを表す言葉です。

　どのような食べ物にも物語があります。作り手側にも食べ手側にも物語があります。

　食べるという生命の営みに対する尊重とリスペクトがなければ、食レポ・食の審査員は、人間に対する浅はかな冒涜となってしまいます。

　食べ物に対して尊重とリスペクトを忘れない。

　本書をお読みになる食のプロの皆さまには、もちろん私自身も含めてですが、常に肝に銘じておいていただければと思います。

　一生懸命頑張っている作り手に対して、上から目線のマウントほど恥ずかしいものはありません。フードアナリストたるもの、食レポするもの、そして食の審査員たるものは、常に感謝と尊敬の気持ちを持って行動しなければなりません。感謝と尊敬の気持ちがあれば、必ず謙虚な言動となります。

　食への尊重とリスペクト、そして感謝と尊敬。

「尊命敬食」と「With thanks and respect」。

この2つがフードアナリストの設立理念を表す時に使われます。

これから食レポを書く皆さま、食の審査員として活躍される皆さまに、まずこの言葉をお伝えしたいと思います。

日本には世界でも類のない 素晴らしい食文化がある

そしてもう1つ大切なことを書きます。

日本の食文化の素晴らしさを日本全国、そして世界に発信することが、私たちフードアナリストのミッションです。

2013年12月4日に「和食：日本人の伝統的な食文化」がユネスコ無形文化遺産に登録されました。農林水産省が、ユネスコ無形文化遺産に登録申請した際に定めた「和食」の定義は4つあります。

①多彩で新鮮な食材とその持ち味の尊重
②栄養バランスに優れた健康的な食生活
③自然の美しさや季節の移ろいの表現
④正月などの年中行事との密接なかかわり

和食とは基本的に家庭料理を指します。

日本で多く食べられている日本食の中で、上記4つの条件を満たしている食を和食と呼び、和食を高度な知識・教養、ノウハウや技術を加えたものを日本料理と呼びます（詳しくは4級教本『食情報インフルエンサーの教科書』（徳間書店刊）を参照）。

日本の国土は南北に細長く、海や山、里と表情豊かな自然が広がっているため、各地で地域に根差した多様な食材が用いられています。それに伴って、それぞれの素材の味わいを活かす調理技術・調理道具が独自に発達しています。

南北に細長い国土の真ん中あたりには背骨のように山脈が連なり、清流を生み出し、軟水として日本全国を潤（うるお）しています。水道の蛇口をひねれば、透明で美しく清潔な水が出ることは、日本では当たり前ですが、世界では類を見ないほどです。これは日本人の清浄を神聖化するほどの公衆衛生観念が発達した賜物（たまもの）といえるでしょう。

　一汁三菜を基本とする日本の食事スタイルは、世界的に見ても、理想的な栄養バランスといわれています。また、「うま味」を上手に使うことによって、動物性油脂の少ない食生活を実現しており、日本人の世界有数の長寿や肥満防止に役立っています。池田菊苗先生が昆布から発見したグルタミン酸を中心とする「うま味」は日本発であり、日本人の繊細な味覚の醸成に役立っています。

　旬を大切にする点も、日本の食文化の特徴です。日本にははっきりとした四季があります。それを食事の場でも、自然の美しさや四季の移ろいを大切にして旬を表現します。季節の花や葉などで料理を飾りつけたり、季節に合った調度品や器を利用したりして、季節感を楽しみ味わおうとします。

　さらに日本の食文化は、お正月やお盆、桃の節句などの年中行事と密接に関わっていることも特徴です。自然の恵みである「食」を分け合い、食の時間を共にすることで、家族や地域の絆を深めてきました。

　世界でも類のない素晴らしい食文化が、この日本にはあります。

　世界3大料理は、フランス料理、中華料理、トルコ料理とされていますが、日本料理は「世界3大料理の別格」と日本フードアナリスト協会ではお伝えしています。

食文化とは、 作り手側と食べ手側の共同作業

　日本料理や和食に代表される日本人の食に対する繊細な観察力、洞察力、表現力は世界一の水準にあります。

　フードアナリストは、食を食べ歩き、比較し、美味しさを表現するプロです。4級が受信

力=食のリテラシーを中心に学んできたのに対し、3級では収集力、読解力、そして表現力が必要となります。特に食レポや食の審査員の基本が必須となります。

　食レポ力、食の審査力があるとすれば、知識と経験の質と量の総和となります。すなわちフードアナリストとしての日々の修練が大切です。

　食文化とは、作り手側と食べ手側の共同作業によってのみ発展します。私たちが日本の食文化の素晴らしさを発信する時、やみくもにほめ続けるだけの絶対肯定だけでは何も進展もありません。

　批判、批評精神は、精神の弾力であり、活力です。

　ただし、的を得た批判ほど相手を傷つけます。フードアナリストが目指すのは、「論破」ではなく、「納得」「改善」です。本書の中で何度も触れているように、ファンクラブではなく応援団の気持ちを忘れてはいけません。

　フードアナリスト3級を目指す人だけでなく、良識を持ち、伝わる食レポを志す人、食の審査員を目指す人、そして消費者の目線や審査ポイントを知りたいすべての生産者さん、料理人の皆さんにも、ぜひ、この本を読んでいただけたらと考えています。

　　　2023年2月　　一般社団法人日本フードアナリスト協会　理事長　**横井裕之**

●「食レポ・食の審査員の教科書」参考文献一覧

美味学（増成隆士、川端晶子編著・建帛社）

記者ハンドブック 新聞用字用語集 第12版（共同通信社）

プレスリリースのつくり方・使い方（蓮香尚文・日本実業出版社）

絵解き広報活動のすべて 〜プレスリリースの作り方からメディア対応まで
（山見博康・PHP研究所）

人の心は「色」で動く（小山雅明・三笠書房）

香りを創る、香りを売る（塩野秀作・ダイヤモンド社）

ことばは味を超える 美味しい表現の探求（瀬戸賢一編著・海鳴社）

おいしさを伝えることば塾（山佳若菜・同文館出版）

擬音語・擬態語辞典（山口仲美編・講談社学術文庫）

味覚の探求（森枝卓士・河出書房新社）

味のなんでも小辞典（日本味と匂学会編・講談社）

食の官能評価入門（大越ひろ・神宮英夫編著・光生館）

おいしさの表現辞典（川端晶子・渕上匠子編・東京堂出版）

横井裕之

日本フードアナリスト協会理事長
ジャパン・フード・セレクション審査委員長

1964年生まれ。鳥取県出身。立命館大学経営学部卒業後、日興證券株式会社 (現SMBC日興証券株式会社) 入社。15年勤務後、独立。コンサルティング会社設立後、2005年日本フードアナリスト協会を設立、理事長就任。食の情報と情報発信の専門家「フードアナリスト」育成に尽力している。
フードアナリストの会員は23,000人、賛助導入企業は420社。フードアナリストは食の資格の中では日本最大規模で最難関資格 (1級) と言われるまでに成長。
審査委員長を務めるジャパン・フード・セレクションは食品・飲料に特化した日本有数の審査・認証制度。厳格・中立・公正な審査で、日本発の食品・飲料の食文化発掘・創造と情報発信の一翼を担っている。
著書・監修に『「食」情報インフルエンサーの教科書』(徳間書店)、『フードアナリスト検定教本4級〜1級 (全8冊)』(学研)、『楽しい食の世界 真鍋と学ぶ! フードアナリスト入門』(角川SSC)、『「五輪書」に学ぶお金の増やし方』『7人のザ・サムライ経営者』『儲かるマネー、損するマネー〜騙されないための運用術』(以上、廣済堂出版) など。テレビコメント出演、新聞、雑誌、ラジオでの出演・執筆多数。

(社) 日本フードアナリスト協会
Japan Food Analyst Association Certified
ホームページ http://www.foodanalyst.jp/
〒102-0082 東京都千代田区一番町15-8 壱番館5階
TEL：0120-650-519 (営業時間：平日 9：00〜18：00)

●編集協力／いくしままき　●装丁・本文デザイン／田中玲子 (ムーブエイト)　●DTP・図版／若松隆

フードアナリスト3級認定教科書

「食レポ・食の審査員」の教科書

2023年1月31日　初版第1刷発行

著　者　横井裕之
発行者　小宮英行
発行所　株式会社 徳間書店
　　　　〒141-8202　東京都品川区上大崎3-1-1 目黒セントラルスクエア
　　　　電話　【編集】03-5403-4350　【販売】049-293-5521
　　　　振替　00140-0-44392
印刷・製本　図書印刷株式会社
©Hiroyuki Yokoi 2023, Printed in Japan
ISBN978-4-19-865576-1